跨越既有铁路线桥梁平转体施工技术及应用

刘明辉 著

科学出版社
北京

内 容 简 介

桥梁转体施工是一套比较成熟的桥梁施工方法，在跨越河谷、公路的桥梁建设中应用实例较多，但是国内外对于跨铁路既有线的大跨度桥梁工程实例并不多，平转施工中的关键工艺仍需要进一步的研究和探索。本书重点研究了平转体施工技术在跨越既有铁路线桥梁建设中的应用，全书共三大部分，分6章。第一部分为平转体施工技术的理论分析；第二部分为工程实例研究，结合我国已建的跨越既有铁路线的典型公路桥及铁路桥的平转体施工实践，对不同环境条件下的平转施工关键技术及工艺进行研究，工程实践表明，平转体施工方法经济实用，安全可靠，随着我国铁路的发展，跨越既有铁路线的铁路及公路桥梁建设将不断增多，平转体施工方法将发挥巨大作用，并产生更大的经济效益和社会效益；第三部分为平转体施工监测及安全防护内容。

本书可作为广大的土木工程、道路桥梁及渡河工程等专业师生或桥梁工程技术人员学习和参考。

图书在版编目 CIP 数据

跨越既有铁路线桥梁平转体施工技术及应用 / 刘明辉著.
—北京：科学出版社，2016.9
ISBN 978-7-03-050102-8

Ⅰ.①跨… Ⅱ.①刘… Ⅲ.①桥梁架设-转体施工
Ⅳ.①U445.465

中国版本图书馆 CIP 数据核字(2016)第 233398 号

责任编辑：杨向萍 张晓娟 / 责任校对：郭瑞芝
责任印制：吴兆东 / 封面设计：左 讯

科学出版社 出版
北京东黄城根北街16号
邮政编码：100717
http://www.sciencep.com
北京中石油彩色印刷有限责任公司 印刷
科学出版社发行 各地新华书店经销
*
2016年9月第 一 版 开本：720×1000 B5
2022年6月第七次印刷 印张：9
字数：182 000
定价：80.00元
（如有印装质量问题，我社负责调换）

前　言

据统计，截止到2015年年底，全国铁路运营里程达到了12.1万km，居世界第二位。其中，高速铁路运营里程突破1.9万km，占世界高速铁路总里程的60%以上，居世界第一位。可见，我国已经形成了四通八达的铁路运输网络。而按照国家十三五规划纲要第二十九章中“关于完善现代综合交通运输体系”相关规划内容，指出各种交通方式持续建设和发展，尤其是高速公路和高铁、城铁等，这些后续将要建成的工程项目必将越来越多地遇到跨越既有运营铁路线路的状况，采用何种施工方法在既能保证顺利如期完成工程建设的同时，又能保证既有铁路线的正常运营并尽量减少对既有铁路线的干扰，成为越来越多的工程建设者关注的问题。

平转体施工技术对设备要求不高，易推广。实践表明，在跨越既有铁路线的桥梁建设中，该技术既能确保既有铁路安全畅通，又能产生明显的经济效益和社会效益，因而受到工程建设者们的青睐。但目前平转体施工在跨越既有线工程中的实践并不是很多，今后需要建设的交叉工程、跨线工程会越来越多，同时既有铁路线运营水平的提高，对跨越铁路的转体施工提出了更高的要求，为了不影响既有线的正常运营安全，该技术有着广阔的发展空间，故加强该项技术的研究是必需的。本书重点研究了平转体施工技术在跨越既有铁路线桥梁建设中的应用。

全书共三大部分，分6章。第一部分（第1～3章）为平转体施工技术的理论分析，主要分析了平转体技术基本理论和施工关键技术及设备配置；第二部分（第4、5章）为工程实例研究，结合我国已建的跨越既有铁路线的典型公路桥及铁路桥的平转体施工实践，详细分析了不同桥型在不同环境条件下跨越既有铁路线平转施工关键技术及工艺。第三部分（第6章）为平转体施工监测及安全防护，将实践与理论结合，研究该技术施工中的监测项目及注意事项，并就施工安全防护进行了分析。

在撰写本书的过程中得到了中国中铁系统相关专家及技术人员的大力支持和帮助，他们为本书的撰写提出了许多宝贵的意见和建议，在此对他们表示感谢。同时，在撰写本书时还参考了相关的国内外文献，特此向文献作者表示感谢！

由于作者水平有限，书中难免存在不足之处，敬请读者批评指正。

作　者

2016年5月

目　　录

第1章 绪 论

1.1 转体施工技术特点及分类

转体施工是20世纪40年代发展起来的一种新型的桥梁施工方法，早期在我国西南部各省市、区使用较多，随着转体施工工艺逐步成熟，在我国各省的干线公路、高速公路、铁路等跨河谷桥梁建设中应用较普遍。在跨越既有运营铁路线的桥梁建造中，为了最大限度地减少施工对铁路线运营带来的影响，转体施工法也开始受到工程建设者的关注。

桥梁转体施工技术是指在偏离桥位的位置预先拼装或浇筑全部或部分桥体，形成临时稳定结构后，借助转动装置(平面或竖向)转体就位的一种施工方法。

它可以将在障碍上空的作业转化为岸上或近地面的作业。该技术可以广泛应用于拱桥、梁桥、斜拉桥、斜腿刚架桥等桥型的上部结构施工，与传统的施工方法相比，该施工方法具有如下优点：

(1) 可充分利用地形，方便预制，施工时不影响交通。

(2) 施工所需的机器设备少，工艺简单，操作安全。

(3) 具有结构合理，受力明确，力学性能好的特点。

(4) 转体施工法能较好地克服在高山峡谷、水深流急或经常通航的河道上架设大跨度构造物的困难，尤其是对修建在交通运输繁忙位置的城市立交桥和铁路跨线桥，优势更加明显。

(5) 施工速度快、造价低、节约投资。相同条件下，与传统的悬吊拼装法、桁架伸臂法、搭架法相比，拱桥采用转体法所带来的经济效益和社会效益十分明显。

转体施工法有多种形式。从支撑的形式上，可分为轴心支撑转体法、环道支撑转体法以及轴心与撑脚共同支撑转体法；根据转体力学原理，可分为有平衡重转体施工法和无平衡重转体施工法；从中心转盘形式上，可分为平面转铰转体施工法和球铰转体施工法。目前，最常用的形式是根据桥梁结构的转动方向划分，可分为竖向转体施工法(简称竖转法)、水平转体施工法(简称平转法)以及平转与竖转相结合的方法，其中，以平转法应用最多。

1. 平转法

平转法是将桥体上部结构整跨或从跨中分成两个半跨，在桥台处设置转盘，将预制的整跨或者半跨悬臂桥体置于其上，待混凝土达到设计强度后脱架，以桥台和锚碇体系或锚固桥体重力平衡，再用牵引系统牵引转盘，使桥体上部结构平转至对岸或跨中合龙。然后，浇灌接头混凝土，待其达到设计强度后，封固转盘，完成施工，如图 1.1 和图 1.2 所示。该法可适用于连续梁桥、连续刚构桥、斜拉桥等，近些年来在跨线桥梁建设中越来越受欢迎。

图 1.1　某桥梁平转体开始

图 1.2　某桥梁平转体就位

2. 竖转法

竖转法施工是桥梁结构浇筑或拼接成形后，在桥轴线位置设置转铰及竖转提升铰，采用柔性钢绞线、钢丝绳或刚性立柱，通过传力体系将桥梁结构竖向转体提升安装就位。该法主要适用于转体重量不大的拱桥或某些桥梁预制件，可在平原地区的宽坦河流上建桥时采用。其转动体系由转动铰、提升体系、锚固体系等组成。

铁路桥梁转体施工中竖转铰应进行设计计算，转动灵活，设水平限位装置。索塔与拱座固结，压塔索及背索与索塔纵向连接牢固，设置上下步梯、塔顶工作平台、栏杆、踢脚板等。竖转起吊设备应采用液压连续提升千斤顶，使用前，千斤顶、油泵、控制柜必须试运行。公路桥梁转体施工中竖转铰要求转动灵活，转动铰接触面满足局部承压要求，宜根据推力大小选用钢制板销子铰、钢管混凝土铰或插入式球铰；根据竖转重量和牵引设备，扣索宜选用钢丝线或钢绞线，其数量的配置应充分考虑结构冲击、自然环境(风、温度等)及扣索在转向处的弯折影响等因素。扣索系统应根据计算确定，保证扣索安全系数满足《公路桥涵施工技术规范》(JTG/TF50—2011)要求。竖转的拉索索力在脱架时最大，拱肋要实现从多跨支承到铰支承和扣点处索支承的过渡，脱架时要完成结构自身的变形与受力的转化。为使竖转脱架顺利，有时需在提升索点安置助升千斤顶。在无引孔时，扣索的锚碇应专设，宜采用钢筋混凝土锚；有引孔时，可通过引孔及引孔桥墩设置，扣索的水平分力由引孔拱肋承受，当孔重量不足时可在引桥墩上设置锚索承受扣索的不平衡竖直分力。锚碇应满足抗拔、抗滑安全系数要求。

在施工工艺上，竖转铰的构造与安装精度、索鞍与牵转动力装置、索塔和锚固系统是保证竖转质量、转动顺利和安全的关键[1,2]。国内的拱桥基本上为无铰拱，竖转铰是施工临时构造，所以，竖转铰的结构与精度应综合考虑，满足施工要求和降低造价。竖转施工如图 1.3 和图 1.4 所示。

图 1.3 某桥梁竖转体示意

图 1.4 光谷跨外环桥梁索塔竖转施工

3. 平竖结合法

竖转与平转相结合的施工方法，有效地利用了两种转体施工法的优点。即先通过竖转法利用有效地形将高空作业变为在低矮支架上进行的低空作业，通过扣索牵引，将结构在竖向旋转至设计标高后，再利用千斤顶牵引将梁体平转至桥轴线就位，完成障碍物的跨越[3]。

受到河岸地形条件的限制，拱桥采用转体施工时，可能遇到既不能按设计标高预制半拱，也不可能在桥位竖平面内预制半拱的情况（如在平原区的中承式拱桥）。此时，拱体只能在适当位置预制后，既需平转、又需竖转才能就位。这种平竖结合转体基本方法与前述相似，但其转轴构造较为复杂。当地形、施工条件适合时，混凝土肋拱桥、刚架拱桥、钢管混凝土桥可选用此法施工，如图 1.5 所示。

图 1.5　丫髻沙主桥竖转加平转施工

1.2　国内外关于转体施工技术的发展及应用

1.2.1　国外桥梁转体施工的发展概况

国外桥梁转体工艺是从拱桥竖转施工发展起来的。1955 年，南非在世界上首次成功地应用转体法建成了 Stormo 河桥。这是座主跨 113m 的钢筋混凝土箱形拱桥，其主拱矢度 1/5.7，桥宽 8.2m ，双室箱截面的拱圈变宽变厚，拱脚截面宽 7m、厚 2.55m，拱顶截面宽 6.3m、厚 1.21m[4]。拱圈的施工方法为：在拱脚处竖立木模，在木模下部设铰，然后竖直浇筑半跨箱拱的腹板与横隔板，待混凝土达到设计强度后，将木模连同已浇好的腹板与横隔板沿跨径中心方向竖转，使腹板合拢。再利用腹板作支架，浇筑顶板及底板。

20 世纪 50 年代末期，意大利采用竖转法修建了跨径达 70m 的多姆斯河桥。

1985 年 9 月建成的联邦德国巴伐利亚州的阿根山谷桥(Argentobel)位于自然保护区,要求施工期间最大限度地减少对周围景观的破坏,因而采用竖转法施工。该桥为单孔、跨径 145m、矢高 32m 的钢筋混凝土箱形拱,桥面宽 14 m。施工时,先垂直预制一个半拱,然后用竖向爬升滑模分 27 段浇筑拱箱混凝土,每段长 2.7～3.2m 。当拱箱混凝土浇筑至引桥桥面标高时,已浇好的拱箱与从引桥桥面水平方向留出的两根钢连接杆连接,并向岸侧竖转 12.5°,以避免因拱形曲率的影响产生较大的弯矩及变形。然后再继续将拱箱浇至设计高程。通过安装在拱顶的预应力钢束与钢连杆,将半拱向跨中方向转体 22°,取掉钢连杆,最后转体 66.5°就位。第一个半拱先转至一定位置,待第二个半拱转体就位后,再将第一个半拱转至其最终位置。两半拱转体顺利,拱顶处中轴线误差仅 1cm,横向错位仅 1.27cm。每个半拱浇筑混凝土工期为 3 个月,转体历时 5 天,全桥工期 2 年[4]。

随着竖转体工艺在梁桥、斜拉桥的推广应用,平转工艺逐步得到了发展。平转法于 1976 年首次在奥地利维也纳的多瑙河运河桥上应用。该桥为双塔预应力混凝土斜拉桥,跨径布置为 55.7m＋119m＋55.7m,由于施工期间不容许干扰船只通航,采用平转法施工转体重量达 4000t。之后,国外应用平转法修建了多座梁桥、斜拉桥。例如,1976 年,德意志民主共和国应用平转法修建了一座跨径为 53m＋52m 的钢筋混凝土 T 形刚构桥;1984 年,法国应用平转法修建了一座三跨(26m＋64m＋24m) 混凝土连续梁桥,两个半跨上部结构分别在平行于河岸上搭设的长为 9m 的移动式支架上预制,完成后再平转合拢;1982 年 11 月,日本在大阪府茨木市修建的东海道新干线桥(跨径 62.4m 的单线铁路简支钢箱梁跨线桥)时,由于要跨越五股铁道,且斜交 35°,要求施工期间封闭列车通过的时间只能在夜间,且不超过 30min,故采用平转法施工;比利时 1991 年建成的本·艾因斜拉桥是迄今转体重量最大的桥梁,转体重量达 1.95 万 t,跨径为 3×42m＋168m。

1.2.2 我国桥梁转体施工的发展概况

与国外不同,我国的桥梁转体施工工艺是从平转(拱桥)发展起来的。先出现了有平衡重方式的平转方法,然后发展了无平衡重方式的平转方法,最后又发展了拱桥竖转的施工方法。

在我国,平转法桥梁工程成功案例有很多。1977 年,四川遂宁县首次用平转法建成了一座跨径 70m 的肋拱桥(遂宁县建设桥)[5],其后该法相继在贵州、湖南、江西、山东、广西、广东、云南、湖北等省、区推广。20 世纪 70 年代末 80 年代初，我国平转法施工的拱桥跨径均在 100m 以下，且均为有平衡重转体施工。为解决大跨径拱桥转体重量大的问题，我国桥梁专家提出无平衡重转体施工法，并于 1987 年成功地进行了跨径为 122m 的四川巫山龙门桥试验桥的施工。1988 年四川涪陵乌江大桥采用该法转体成功，使我国拱桥的跨径首次跃上 200m 大关。

1985 年，我国首次采用竖转法完成了净跨 100m 的四川自贡团结渠大田口渡槽的施工，但竖转法一直没有得到广泛应用。1999 年广西鸳江钢管混凝土拱桥和 2002 年徐州京杭运河钢管混凝土提篮拱桥的竖转体系采用了液压同步提升技术，至此，竖转施工技术才跃上了新的台阶。在铁路桥梁方面，我国采用竖转法完成了贵州水泊铁路北盘江大桥的施工，该桥跨度达 236m，转体重量达 10400t。

随着转体施工工艺的进步，平转法、竖转法及平竖结合法在我国桥梁建设中都有成功的实践。转体桥梁的桥型包括各式拱桥（肋拱桥、双曲拱桥、箱形拱桥、桁架拱桥及刚架拱桥）、斜拉桥、梁桥及斜腿刚构桥等，以拱桥居多。我国用转体法施工的典型桥梁见表 1.1。

表 1.1　我国使用转体施工的典型桥梁

序号	桥名	建设地点	桥型	桥跨布置/m	转体方式	转体角度/(°)	转体质量/t	建成时间/年
1	建设桥	四川遂宁县	箱肋拱桥	70	平转(平衡方式)	143	1200	1977
2	宋科桥	四川壤塘县	桁架拱桥	50	平转(平衡方式)	98～112	526	1979
3	曾达桥	四川金川县	独塔斜拉桥	37＋68	平转(平衡方式)	约 90	1344	1980
4	贵冶铁路立交桥	江西贵溪	斜腿刚构桥	30	平转(平衡方式)	46	1100	1985
5	洛河特大桥	河南洛阳	连续刚构桥	48＋80＋48	平转	57	3860	2008
6	桃河特大桥	山西阳泉	T 形刚构桥	75＋75	平转	70	15000	2010
7	郑州解放路立交桥	河南郑州	斜拉桥	120	平转	60.4	17100	2010
8	桂江三桥	广西梧州	钢管拱桥	主孔 175	竖转	—	520	2001
9	渝邻高速公路桥	重庆	刚架桥	40	竖转	—	—	2003
10	北盘江大桥	贵州六盘水	钢管拱桥	236	竖转	—	10400	2001
11	鸳江桥	广西梧州	钢管拱桥	175	竖转	—	500	1999
12	漠沙桥	云南新平县	双曲拱桥	65＋65	竖转加平转		1300	1991
13	文峰路桥	河南安阳	钢管混凝土拱桥	135	竖转加平转	—	—	1995

续表

序号	桥名	建设地点	桥型	桥跨布置/m	转体方式	转体角度/(°)	转体质量/t	建成时间/年
14	丫髻沙大桥	广东广州	钢管混凝土拱桥	360	竖转加平转	—	13850	2000
15	东平大桥	广东佛山	拱桥	300	平转加竖转	104.6+180.0	14800	2006

1.3 平转体技术在跨越既有铁路线桥梁建设中应用前景

铁路是我国重要的基础设施、国民经济的大动脉和大众化的交通工具，是综合交通运输体系的骨干，在推动我国经济社会又好又快发展中发挥着重要作用。按照国家批准的《中长期铁路网规划(2008 年调整)》，到 2020 年，全国铁路营业里程达到 12 万 km 以上，其中客运专线达到 1.6 万 km 以上，复线率和电化率分别达到 50%和 60%以上。据统计，截至 2015 年年底，全国铁路营业里程达到了 12.1 万 km，居世界第二位，其中高速铁路营业里程突破 1.9 万 km，占世界高速铁路总里程的 60%以上，居世界第一位。可见，我国已经形成了四通八达的铁路运输网络。无论是公路还是铁路，在其后续工程建设中，必将遇到越来越多的跨越既有运营铁路线路的工程项目，如何尽量减少干扰并保证既有铁路线的正常运营，成为越来越多的工程建设者关注的问题。

转体施工技术的应用，大大提高了工程项目建设的可能性，扩大了桥梁建设的地域范围；同时，可以不影响所跨越既有线路的正常交通或尽量缩短中断交通的时间。近年来，在跨越既有铁路运营线的桥梁建设中，人们逐步探索采用转体施工法，尤其是平转体施工法。

2016 年，河南省郑州市市政工程中州大道上跨陇海铁路桥梁工程项目成功实现了双幅桥体同时旋转跨越，此次转体工程的难点是左右双幅桥体同步逆时针转体 87.3°。由于左右双幅桥体在同一个平面上，且直线间距还小于边跨长度，导致桥体转体前的现浇段相互侵占了转体后的成桥位置，所以转体施工必须为左右两幅同步进行，极大地增加了工序的复杂性、精度的准确性和测控技术的难度，重达 2.46 万 t 的双幅桥体同时旋转，在全国范围内是较为罕见的，如图 1.6 所示。

从上述成功的工程案例分析，转体施工在今后的工程建设中应用将会越来越

(a)转体前　　(b)转体后

图 1.6　中州大道上跨陇海铁路桥梁转体前后

广泛。其原因主要有以下几点：

(1) 随着转体技术发展的日益成熟，该项技术凸显出巨大优越性，特别是在施工条件受到严重限制的情况下，它的地位已无可取代。从山区到平原，从郊外工程到城市内高架桥，从拱桥到斜拉桥、连续梁桥、连续刚构桥等，从公路到铁路，其应用范围在逐步扩大。

(2) 近年来，伴随着我国交通基础设施投资的持续增加以及我国铁路建设，尤其是高速铁路及城际铁路的快速发展，在公路及铁路建设中出现了越来越多的跨越既有铁路线的工程项目，这为转体技术的应用提供了必然条件。

(3) 铁路运营作业存在特殊性，主要是运营限界及作业时间要求，使得跨越铁路运营线的桥梁建设相对于跨越河谷、公路等桥梁来说，施工难度较大，作业时间受局限，这是转体施工技术应用中研究的难点和重点。

总之，大量的工程实践表明，桥梁转体施工是一套比较成熟的施工方法，在跨越河谷、公路的桥梁建设中应用实例较多。国内关于跨铁路既有线大跨度桥梁工程有些实例，例如，沪昆高铁沾益特大桥是国家《中长期铁路网规划》中四纵四横之一横，是沪昆高铁云南段主要桥梁之一。由于该大桥 28 号和 29 号墩跨越既有铁路线运输繁忙，每天通过 100 多趟客货运列车，如按照常规方法施工，将影响既有线营运安全，故采用平转法转体施工[6]。该大桥全长 1768m，为双线桥，主桥 DK1041＋407～DK1041＋535 连续梁上跨既有沪昆铁路六沾线，重达 8300t 的桥梁向跨越的沾益火车站平转 25.3°，转体过程中梁体距接触网最近距离为 1.864m，实现了桥梁精确合拢。今后需要建设的交叉工程、跨线工程会越来越多，同时随着铁路提速特别是客运专线线路的开通，对跨越铁路的转体施工提出了更高的要求，为了不影响既有线的正常运营安全，该技术有着广阔的发展空间，加强该项技术的研究是必需的。

本书将在第4、5章对平转体施工技术在跨越既有铁路线的桥梁建设中的成功实践进行详细分析,以期为该技术的推广及类似工程的建设提供参考。

参考文献

[1] 陈宝春,孙潮,陈友杰. 桥梁转体施工方法在我国的应用与发展[J]. 公路交通科技,2001,18(2):24-28.

[2] 胡素敏. 桥梁转体施工方法及发展应用[J]. 交通世界(建养. 机械),2008,163(1):129-131.

[3] 任韶敏. 铁路连续箱梁水平转体施工及监控技术研究[D]. 石家庄:石家庄铁道大学,2014.

[4] 黄小洛. 桥梁转体施工发展综述[J]. 公路,1988,(1):4-11,32.

[5] 张健峰. 钟启宾. 桥梁水平转体法施工的成就及发展[J]. 铁道标准设计, 1992,(6):19-41.

[6] 艾鹏. 大跨度桥梁平转体施工技术[J]. 石家庄铁道大学学报(自然科学版), 2015,(S1):1-4.

第2章　平转体技术理论

2.1　概　　述

我国转体施工中，桥梁建设多分布在四川、湖南等多山多河的地区，其中，平转体占大多数，约80%以上，竖转约占10%，平竖转相结合的占10%左右。转体施工中以拱桥居多，斜拉桥、刚构桥、连续梁桥中也在逐步应用。转体的重量最早为2000t以下，1980～2000年约为4000t。2000年以后，随着城市的快速化发展，在许多大中型城市中，早期修建的正在运营的铁路多穿城而过，把城市割裂成许多区块，严重地影响了城市交通功能的发挥，而许多已建成或正在规划建设的市政道路或高速铁路、城际铁路等为克服既有铁路线带来的阻隔影响，多数以高架桥的结构形式，采用平转体施工跨越既有线路，这使得转体施工的桥梁数量持续快速增长，转体技术不断改进，也使得转体的质量大幅提升，过万吨级转体施工的桥梁在我国已不罕见。

当前和今后一段时间内，我国大规模的交通基础设施建设仍在持续，转体施工技术非常适合大量的跨线桥的施工，同时转体桥梁也在朝着大吨位、大跨度的方向发展，在我国特定的自然环境条件下，该技术还有很大的发展空间，但是目前关于转体施工尚未形成普遍认可的详细规范性文件，其理论研究也不充分，今后仍需要在工程实践的基础上不断总结并创新，使之更好地应用于我国桥梁建设。

2.2　平转体技术原理

平衡转动体系施工是指转体结构的重心基本落在下盘转动磨心球铰上[1]。平转施工技术对设备要求不高，易推广。实践表明，在跨越既有铁路线的桥梁建设中，该技术既能确保既有铁路安全畅通，又能产生明显的经济效益和社会效益，受到工程建设者们的青睐。目前，平转体施工法可分为有平衡重平转体和无平衡重平转体。

2.2.1　有平衡重平转体施工法

有平衡重转体方法需要转体牵引系统，可分为结构自平衡转体和需要专门配平衡重的转体，施工方便、迅速，适用于跨度200m以下的桥梁。

结构自平衡转体就是依靠结构自身的重量实现平衡，即利用结构的永久配筋部分或全部取代转体过程中临时扣索和背拉，少设或不设临时支架，且结构自身强度完全能满足转体施工阶段的受力要求。这种工艺最大限度地减少临时设施，因而更加经济，且转体过程中结构自身稳定性更好，更加安全可靠。但往往受地形条件及结构形式的限制而难以实现。该法主要应用在连续梁桥(连续刚构桥)和斜拉桥中，是跨越既有铁路、减少铁路行车干扰、保证施工期间铁路安全行车最有效的一种施工方法。

需要专门配平衡重的转体施工，一般适用于桥梁两岸地形狭窄、岸坡陡峭、悬崖峭壁、深山峡谷的山区单孔大跨度拱桥，或者两岸地形虽相对开阔，桥位布置需要设岸边引孔，但是两岸地形不宜按转体要求将引孔作为平衡重来布设。相对于外加平衡重转体需要大量的临时平衡重和部分临时支架、临时扣索和背拉，这种需要专门增加的平衡重可以设计成桥梁永久荷载的一部分。

有平衡重平面转体施工的特点是转体重量大，施工的关键是转体。要把数百吨重的转动体系顺利、稳妥地转到设计位置，主要依靠两项措施实现：①正确的转体设计；②制作灵活可靠的转体装置，并布设牵引驱动系统。

目前国内使用的转体装置有两种，都是经历过转体实践考验的。第一种是以四氟乙烯作为滑板的环道平面承重转体。四氟乙烯材料摩擦系数特别小，这使转体成为可能。试验分析表明，四氟乙烯板与不锈钢板或镀铬钢板之间的摩擦系数比四氟乙烯板间的摩擦系数要小，而且随着正压力的增大而减小。第二种是以球面转轴支承辅以滚轮的轴心承重转体。在已建成的转体桥中，混凝土球面铰用得较多，其主要原因是施工方便、稳妥可靠，但球面应标准、平整光滑，与上盘铰盖密合。施工中，用混凝土球面铰作为轴心承受转动体系重力，四周设保险滚轮，转体设计时要求转动体系的重心落在轴心上。这种装置在铰顶面涂了润滑剂，减小了牵引阻力；同时，牵引转盘直径比球铰的直径大许多倍，而且采用了牵引增力滑轮组，因而转体十分方便可靠。

以拱桥为例，有平衡重平转施工工序要点：制作底盘→制作上转盘→试转上转盘至预定轴线位置布置→浇筑背墙→浇筑主拱圈上部结构→张拉脱架→转体合拢→封上下盘、封拱顶、松拉杆[1]。

2.2.2 无平衡重平转体施工法

当跨度大于200m，采用有平衡重平转法施工时，需要相当重量的平衡重维持转动体系的稳定，很不经济。跨径增大时，平衡重可能需数千吨，相对于有平衡重转体来说，无平衡重转体方法更具有经济性和施工条件。为此，四川省公路设计院从20世纪70年代开始研究无平衡重的拱桥平转施工方法，进行了室内试验与模型试验，并于1986年先后成功应用于四川省龙门桥与湖南省游垅桥。无平衡重转体工艺采用强大的锚固体系平衡转动体的巨大弯矩，转动设施除转动铰外，必须有一根上下贯通的轴。转动动力一般来自于固定在前端的缆风索，也可将转动轴设计成略为倾斜的形式，依靠转动体自身重量转动，无须牵引。这种工艺需要较多的加工钢材和临时构件，施工控制复杂，适用于特大跨度桥梁转体施工。

以拱桥为例，该方法是将有平衡重转体施工中的拱圈扣索拉力锚在两岸的岩体中或利用边跨的自重构成平衡体，节省庞大的平衡重。而因锚碇的要求，此施工方法适合于山区地质条件好或跨越深谷急流处建造大跨桥梁时使用。其主要原理是用锚固体系、转动体系与位控体系构成平衡的转体系统，用锚固体系取代平衡重。例如，拱桥无平衡重转体施工具有锚固、转动、位控三大体系，其锚固体系由锚碇、尾索、平撑、锚梁（或锚块）及立柱组成；转动体系由上转轴、下转盘、拱肋及扣索组成；位控体系由外风缆及转盘牵引系统组成。在上转轴与下转轴间预先设一偏心值，扣索张拉至设计吨位后，拱肋脱架，扣索张力产生一向外分力，形成一向外自转的力矩，通过卷扬机放松系于拱肋顶端的缆风索，拱肋即可自动向外转体，其转速及位置由外风缆的松紧控制。转体时，同岸上、下游的拱肋对称同步转动，使扣索产生的横向力互相平衡。

2.3 平转体系统设计

转体结构一般由下转盘、球铰、上转盘、转体牵引系统和助推系统等组成。下转盘为支承转体结构全部重量的基础，转体完成后，与上转盘共同形成基础；球铰是平动法施工的转动系统，而转动体系的核心是转动球铰，它是转体施工的关键结构；上转盘是转体的重要结构，其撑脚为转体时支撑结构转体平稳的保险腿；牵引系统提供结构转动的能力。按《铁路桥涵工程施工安全技术规程》(TB 10303—2009)要求，桥梁转体的转动体系、锚固体系、动力体系等应进行专门设计。

2.3.1 球铰设计

正确的球铰设计是实现桥梁转体施工的关键，目前，关于球铰设计多依据经验，缺乏系统设计理论的指导，今后随着转体技术实践，这一方面的理论研究有待深入。当前，常用的球铰有钢制球铰和混凝土球铰，钢制球铰最大的问题是价格昂贵，而混凝土球铰则有价格低廉、易成型的优势，因此值得重点研发并推广应用。另外，两类球铰的施工工艺大相径庭。首先，在球铰形式上，钢制球铰是上凸下凹，混凝土球铰下凸上凹；其次，在施工工艺上，钢制球铰与混凝土球铰有着各自不同的施工流程。在转盘撑脚不受力的理想状态下，球铰承受全部转体重量。球铰设计中，对其直径的确定至关重要：球铰直径选择过小，转体前混凝土就可能破坏；直径选择过大，则会给球铰的加工制造以及现场安装等带来困难。

另外，还有一些新材料球铰，例如，高强混凝土球铰和钢纤维混凝土球铰均处于研发阶段，短时间内难以付诸工程实践。

2.3.2　转体牵引系统设计

桥梁结构顺利转体合拢的前提是匀速平稳转动，这就要求球铰设计合理，且转动体系灵活轻便，摩擦阻力适宜。摩阻力过大或者过小，都不利于平稳转体的实施，摩阻力过大不易于转体运行，摩阻力过小又不利于转体体系的速度控制，容易失稳，所以，水平转体应该首先得到摩阻力参数值，再进行受力计算得出转动牵引力值。

1. 平衡状态下牵引力计算

假设转体系统完全平衡，此时，球铰承受转体系统全部重量。牵引力计算应区分启动和转动两个阶段，启动时牵引力须克服上下球铰间、安全撑脚与滑道间的静摩阻，转动时则需考虑动摩阻。静摩擦系数、动摩擦系数根据润滑材料、承压力、滑动速度的不同而不同，通过试验确定。设计时，可按静摩阻系数为 0.1，动摩阻系数为 0.06 进行计算，然后配置千斤顶。

转体牵引装置设置在上转盘两侧，转体系统压力的形心在 $2r/3$ 处。根据力矩平衡（图 2.1）$\sum M=0$，可得转动力计算公式[1~3]：

$$FD=\mu_g G\frac{2}{3}r \tag{2.1}$$

即

$$F=\frac{2\mu_g Gr}{3D}$$

式中，F 为牵引力，kN；D 为千斤顶反向对顶的距离，m；G 为转体重量，kN；μ_g 为摩阻系数，由试验确定；r 为球铰平面半径，m。

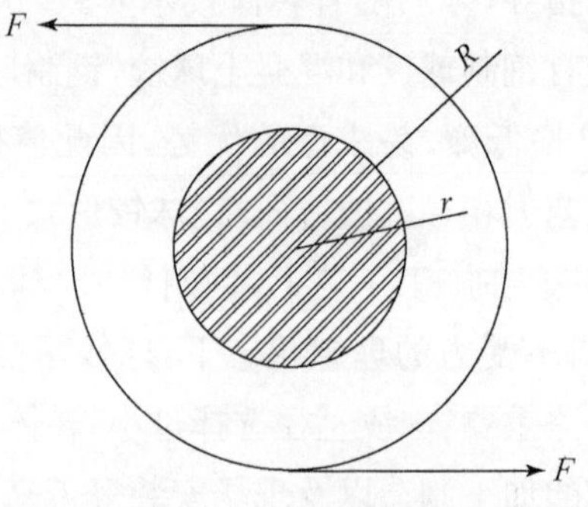

图 2.1　牵引计算图示

R. 上转盘半径；r. 球铰平面半径

2. 非平衡状态下牵引力计算

转动时往往处于非平衡状态。所谓非平衡状态，是指转体结构重心偏离转动中心，也就是存在偏心距 e。e 计算值时，须考虑连续梁超方、施工机具堆放、人群荷载等不平衡荷载。结构重心与转动中心的偏距 e 求得后，根据距离球铰中心和滑道重心的距离，分别求得球铰和对应组撑脚分配的转体重量，进而可以得出球铰的动、静摩阻矩。撑脚摩阻矩计算公式如下：

$$M=\mu_g P_2 R_c \tag{2.2}$$

式中，M 为撑脚摩阻矩，kN·m；R_c 为撑脚摩阻力臂，m；P_2 为撑脚分配的转体重量，kN；μ_g 为摩阻系数，通过试验确定。

3. 转体配重设计

有时桥梁在转体两端的重量不一定完全相同，而桥墩两侧悬臂梁段质量分布不同以及刚度不同，从而产生不平衡力矩；另外，当转体桥处于曲线上时，还存在曲线效应带来的横桥向偏心。在转体之前必须解决由于偏心带来的不平衡力矩问题，使在施工支架完全拆除后以及在转体过程中，转动体在自平衡或配重平衡下正常工作，这对施工过程的安全起着至关重要的作用。

为了保证桥梁转体的顺利进行，有必要在转体前进行转动体称重试验，测试转动体的不平衡力矩、摩阻力矩、偏心距及摩擦系数，并据此平衡配重。转体配重的目的是使转体系统处于全平衡状态，即转动系统重心与转动中心重合，仅球铰承受转体重量。

对应有球铰情况假设转体结构可以绕球铰发生刚体转动，整个转体结构的平衡表现为如下两种情况[4]：

(1) 球铰摩阻力矩(M_z) 大于转体结构的不平衡力矩(M_G)时，转体结构不发生绕球铰的刚体转动，体系平衡由球铰摩阻力矩保持。

(2) 球铰摩阻力矩(M_z)小于转体结构的不平衡力矩(M_G)时，如果没有其他支撑，转体结构将发生绕球铰的转动，直到撑脚参与工作，此时，体系的平衡由球铰摩阻力矩(M_z)、转动体不平衡力矩(M_G)和撑脚对球心的矩来保持。

关于自平衡称重或配重的具体计算方法分别见第 4、5 章的实例分析。

2.3.3　转体系统稳定性计算与分析

由于梁部 T 字段和桥墩受风面积大，转动过程中的风荷载有可能造成球铰以上部分的整体倾覆。所以，有必要对转体结构进行抗倾覆、抗滑动检算[5]。计算时，依据《铁路桥涵地基和基础设计规范》(TB 10002.5—2005)，抗倾覆稳定系数为

$$K_0=\frac{s\sum P_i}{\sum P_i e_i+\sum T_i h_i}=\frac{s}{e} \tag{2.3}$$

式中，P_i为各竖直力，kN；e_i为各竖直力 P_i 对检算截面中心的力臂，m；T_i为各水平力，kN；h_i为各水平力 T_i 对检算截面的力臂，m；s 为截面重心至检算倾覆轴的距离，m；e 为外力合力作用点至截面重心的距离，m。K_0 不得小于 1.5，临时施工荷载作用下不得小于 1.2。

抗滑动稳定系数

$$K_c=\frac{f\sum P_i}{\sum T_i} \tag{2.4}$$

式中，f 为摩擦系数；K_c不得小于 1.3，临时施工荷载作用下不得小于 1.2；其他参数意义同前。

转体结构在不同地区和不同季节有不同的抗风标准。根据《铁路桥涵设计基本规范》(TB 10002.1—2005)，风荷载 W 应该按式(2.5)进行计算。

$$W=K_1K_2K_3W_0 \tag{2.5}$$

式中，W_0 为基本风压值；K_1 为风载体形系数；K_2 为风载高度变化系数；K_3 为地理地形条件系数。

根据全国基本风压图可查询桥梁所在地基本风压值，但考虑到铁路地形的特殊性，应按风力等级来考虑，正式转体时(悬臂状态) 要求风力不超过 6 级，因此，

以最大风力计算结构的抗风稳定性。

参考文献

[1] 张联燕,程懋方,谭邦明,等. 桥梁转体施工[M]. 北京：人民交通出版社,2002.

[2] 中华人民共和国交通部,中交第一公路工程局有限公司. JTG/T F50-2011 公路桥涵施工技术规范[S]. 北京：人民交通出版社,2000.

[3] 傅贤超,王正仪,王兴猛. 轻型桥梁转动体系的研究分析[J]. 铁道建筑,2012,(1):23-26.

[4] 王秀平. 桥梁平转施工关键技术及今后研究重点分析[J]. 四川建筑,2010,30(5):211-213.

[5] 尚海涛. 平转法转体在铁路桥梁施工中的应用研究[J]. 铁道工程学报,2013,(1):29-34.

第3章 平转体施工关键技术及设备配置

3.1 平转体施工技术难点

桥梁平转体施工法的关键技术问题是转动设备与转动能力、施工过程中的结构稳定和强度保证以及结构的合拢与体系的转换。

1. 球铰转动问题[1]

球铰转动是否顺利是水平转体施工的关键技术问题之一，减少摩阻力和提高转动力矩是保证球铰顺利转动的两项重要措施。水平转体施工中，一般情况下，可设启动摩擦系数为0.06～0.08，有时为保证有足够的启动力，按0.1配置。转动力常安排在上转盘的外侧，以获得较大的力臂。转动力可以是推力，也可以是拉力。推力由千斤顶施加，但千斤顶行程短，转动过程中千斤顶安装的工作量又很大，为保证平转过程的连续性，所以单推平转的较少，通常为拉力。转动重量小时，采用卷扬机施加拉力，转体重量大时采用牵引千斤顶，有时为了克服启动时静摩阻力与动摩阻力之比的增量还辅以助推千斤顶。

2. 平衡问题

桥梁平转施工在转体过程中结构处于瞬态平衡状态，此时转体结构的整体稳定性最差。因此，平转过程中的平衡问题是一个关键技术难点。对于上部恒载在墩轴线方向呈基本对称结构的斜拉桥、T构桥以及带悬臂的中承式拱等，一般以桥墩轴心为转动中心，降低重心，将转盘设于墩底。对于单跨的拱桥、斜腿刚构桥等，可分为有平衡重与无平衡重转体两种，有平衡重时，上部结构与桥台一起作为转体结构，上部结构悬臂长、重量轻，桥台则相反，因此，在设置转轴中心时，尽可能远离上部结构方向，以使之平衡，如果还不能达到平衡，则需在台后加平衡重；对于无平衡重转体，只需转动上部结构部分，利用背索平衡，使结构转体过程中的被转体部分始终为索和转铰处两点支承的简支结构。当为双肋拱时，双肋分于两侧，然后向中间转[2]。

3.2　平转体施工工序

桥梁转体施工前,应编制专项施工方案。转动体系施工顺序如图 3.1 所示。

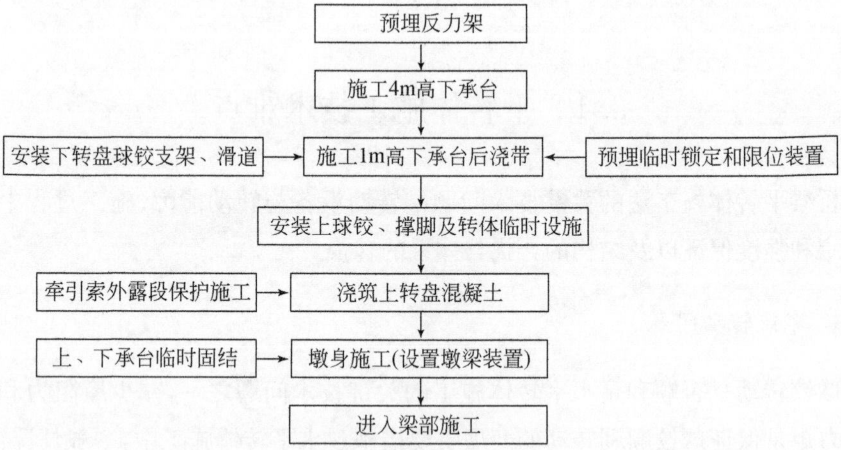

图 3.1　转动体系施工顺序

转盘安装施工顺序如图 3.2 所示。

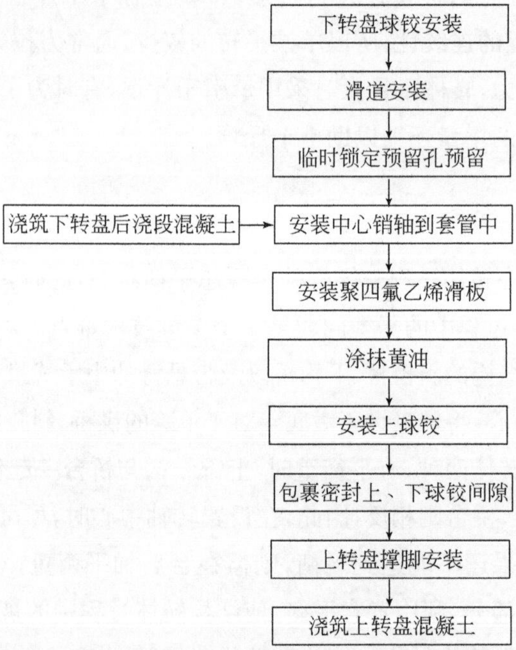

图 3.2　转盘安装施工顺序

3.3 平转体施工主要设备配套

1. 有平衡重平面转体

有平衡重平面转体的设施、设备应符合下列规定：

(1) 转动体系必须平衡可靠，抗倾覆安全系数应大于 1.5，四周的保险支腿应有良好的保险和稳定作用。钢制球铰下球缺与上球冠之间的滑动垫层承受转体全部重量后，在牵引力作用下应能绕定位轴转动自如。

(2) 扣索和后锚索应锚固可靠。

(3) 转动铰低于水面应设围堰保护，低于地表面要在基坑周围砌护墙，围堰和基坑周围应设护栏，禁止非转体人员入内。

以某连续梁有平衡重转体施工机械配置为例，相关配套设备见表 3.1。

表 3.1　主要施工机械、设备配备

序号	机械名称	型号	单位	数量	备注
1	混凝土搅拌站	HZS 120	套	2	
2	汽车吊	QY25	辆	1	
3	混凝土罐车	$8m^3$	台	10	
4	变压器	400kV · A	台	2	
5	发电机	200GF	台	1	备用
6	交流电焊机	BX3－400	台	6	
7	钢筋切割机	J3G2	台	2	
8	钢筋弯曲机	GW40	台	2	
9	钢筋调直机	2.5kW	台	2	
10	张拉千斤顶	YDC4600B	套	8	纵向预应力
11	张拉千斤顶	YDC240Q	套	4	顶板横向预应力
12	张拉千斤顶	YC60A	套	4	竖向预应力
13	压浆设备	ZUB4.5	套	2	
14	拌浆设备	VJW200	套	2	
15	混凝土输送泵	HBT80.16.110S	台	4	

又如京沪高速铁路沧德特大桥跨越既有津浦铁路连续梁转体施工，转体施工设备采用全液压、自动、连续运行顶推系统，该转体系统由 4 套 ZLD100 型连续顶推千斤顶、2 台 YTB 液压泵站和 2 台 LSDKC－8 主控台通过高压油管和电缆线连

接，分别组成 2 套转体动力系统。每套连续顶推千斤顶公称牵引力（前后顶）1000kN，额定油压 31.5MPa，进行串联，每台千斤顶（前、后顶）前端均配有夹持装置。每个转体上转盘埋设有 2 组牵引索，每组由 12 根强度为 1860MPa 的 7ϕ5mm 钢绞线组成。

2. 无平衡重平面转体

无平衡重平面转体的设施、设备应符合下列规定：

(1) 无平衡重平面转体锚固体系的抗剪强度、抗滑稳定性应达到设计要求。

(2) 锚碇系统两方向的平撑及尾索应形成三角稳定体。

(3) 转动体系应灵活自如，安全可靠。

(4) 位控体系应能控制转动体的转动速度和位置。

3.4 转体技术主要施工规范

桥梁建设风险大、环境复杂，转体施工必须严格依据技术规范或规程的要求执行，施工中主要的技术规范如下：

《公路桥涵施工技术规范》(JTG/T F50—2011)

《公路桥梁抗风设计规范》(JTG/T D60-01—2004)

《高速铁路桥涵工程施工技术指南》(铁建设〔2010〕241 号)

《铁路混凝土工程施工技术指南》(铁建设〔2010〕241 号)

《混凝土泵送施工技术规程》(JGJ/T 10—2011)

《铁路混凝土结构耐久性设计规范》(TB 10005—2010)

《铁路桥涵工程施工安全技术规程》(TB 10303—2009)

《高速铁路工程测量规范》(TB 10601—2009)

《铁路工程测量规范》(TB 10101—2009)

《铁路桥涵施工规范》(TB 10203—2002)

《铁路桥涵工程施工质量验收标准》(TB 10451—2003)

参考文献

[1] 张雷. 连续梁桥平转施工关键问题研究[D]. 重庆：重庆交通大学，2011.

[2] 韩晓毅. 浅谈转体施工的发展和应用[J]. 科技资讯，2011，(22)：46.

第4章　自平衡平转体施工技术在大吨位曲线斜拉桥中的实践

4.1　概　　述

4.1.1　工程背景及特点

随着桥梁技术的发展，斜拉桥在道路工程中已得到广泛应用，但是作为斜拉桥的一个分支，曲线斜拉桥应用还并不广泛。这是由于：①将曲线主梁与斜拉桥相结合，在结构受力和施工控制等方面还有许多需要深入研究的问题；②此类桥梁只适合一些特殊场合，例如，两岸接线要求必须布置在曲线上且跨度相对较大，或者由于自然景观的存在，修建曲线斜拉桥需要达到与环境融合的目的；③曲线斜拉桥结构和受力复杂，主塔为空间不对称受力状态，曲线外侧塔柱为拉弯构件，内侧塔柱为压弯构件，主梁承受空间的弯矩、剪力和扭矩作用等，使曲线斜拉桥的施工也更为复杂[1]。对于跨越既有铁路运营线的曲线斜拉桥建设，在施工中需要考虑的影响因素更多，如运营安全、交通环境等，故施工方案的确定对保证结构安全和工程质量显得尤为重要。

石环公路是石家庄市环城公路，是河北省政府批准的一条重要省级干线公路，主线全长74.9km，建设标准为一级公路，设计行车速度80km/h，路基宽33m，双向六车道，中间设4m分隔带。其中，新建双向六车道一级公路46.1km，改建北环辅道33.8km。全线新建桥梁62座，其中，互通式立交桥14座、分离式立交桥12座、大桥3座、中小桥涵33座。石环公路北环为高速公路利用段，共28.8km。整个环路将绕城功能和城市快速路功能合二为一，对构建省会现代化城市交通网络、拓展城市发展空间、促进组团式城市建设与发展具有十分重要的意义。

石环公路跨石太铁路分离式立交桥，跨越石太铁路西货场编组站咽喉区，此处是石太铁路晋煤外运的重要通道，客车、货车行车密度大，如果长时间封锁铁道线或者频繁干扰铁路运输将会造成巨大的经济损失，同时也对铁路的行车运输安全构成影响。为了最大可能减少对既有线行车的干扰并节约建设投资，将该桥主桥设计为采用转体法施工的四跨连续单塔单索面预应力混凝土斜拉桥，全长 260m，转体部分长 142m。采用墩、塔、梁固结体系，曲线半径为 1250m，主塔顺桥向采用倒"Y"字形结构，塔顶距地面 53m，距桥面 38.6m，桥面宽 33m，底板宽 21m，主塔全桥共设 8 对斜拉索(图 4.1 和图 4.2)，45m＋85m＋85m＋45m 的跨径组合跨越石太铁路既有的 6 股道及规划预留的 2 股道。

由于施工周期长、科技含量高、技术难度大，采用转体施工可以最大限度地减少对行车密集的石太铁路既有线的行车影响。该跨石太铁路转体斜拉桥转体重量为 16500t，转体角度为 75.74°，这两项指标均居当时世界同类桥梁之最。

图 4.1　斜拉桥塔柱全貌

图 4.2　斜拉桥转体

4.1.2　地形地貌、工程地质与水文地质条件

本工程所在的区域属于太行山山前冲洪积平原的滹沱河Ⅱ级阶地，地势平坦，周围有村庄、厂区和医院。线路走向是由北向南，桥梁全长为1.250km。主要工程为跨石太铁路分离式立交桥，全长912m，其中，主桥长260m，南引桥长300m，北引桥长345m。

本工程段处于河北平原凹陷区次级构造单元，区域地质构造属于稳定区，适宜桥梁建设。地表一般为填筑垃圾层或耕植土层。桥位区地下水埋深18.9～25.8m，为无压地下水，可作为生活和工程用水。地震烈度为Ⅶ度。

4.1.3　跨线斜拉桥结构特点

桥梁设计总宽度为33m，双向六车道高速公路标准。行车道宽2×3×3.75m，中间带宽4.0m，硬路肩2×2.5m，土路肩2×0.75m。半幅桥宽度为15.5m，左右幅间隔距离为2m。主桥采用独塔单索面预应力混凝土斜拉桥，长度为260m，引桥上部结构为现浇预应力混凝土连续箱梁。

1. 主桥设计

主桥跨越石太铁路既有的6股道（自南向北依次是石太引入左线、石太上行线、石太下行线和3道西站联络线）及规划预留的2股道，铁路南侧为12＃转体主墩，北侧为11＃墩。主桥采用转体施工的独塔、单索面预应力混凝土斜拉桥。主桥全长260m，为4跨连续，跨度组成45m＋85m＋85m＋45m，转体主梁长度为142m，两端与边跨的梁端设置4m长的合拢段。主桥平面位于半径1250m的圆曲线上，立面位于半径为6000m的凸形竖曲线上，主桥桥面轴线与道路轴线重合，主梁为平面、立面复合曲线梁。主梁采用单箱三室斜腹板截面，顶板宽33m，底板宽21m，梁高2.5m，翼缘板悬臂4.5m（图4.3），斜腹板斜率为19∶15。主梁设计为横向、纵向、竖向三向预应力体系。

主桥采用墩、塔、梁固结体系，属预应力混凝土部分斜拉桥，主塔高度为38.6m，主梁与主跨的高跨比为1/34，主塔顺桥向采用倒“Y”字形，全桥共设8对斜拉索，每组斜拉索由2根PES7低应力新型索体的双层PE热挤聚乙烯拉索构成（1670MPa高强低松弛镀锌钢丝），S3～S8（S3′～S8′）拉索截面由241根ϕ7钢丝组成，S1～S2（S1′～S2′）拉索截面由151根ϕ7钢丝组成。索塔锚固区的高度为

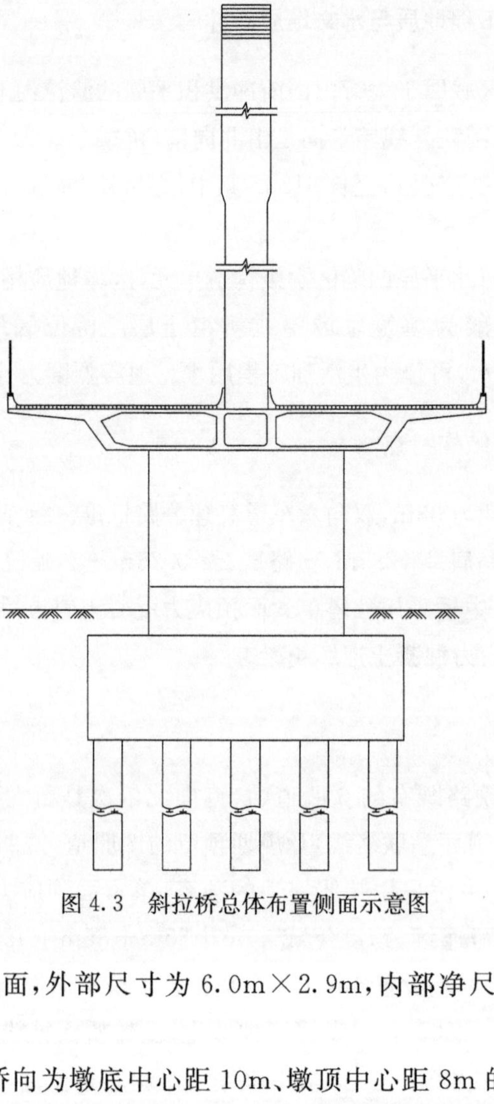

图 4.3　斜拉桥总体布置侧面示意图

24.6m，空心矩形截面，外部尺寸为 6.0m×2.9m，内部净尺寸为 2.4m×1.4m（图 4.4）。

12＃主塔墩顺桥向为墩底中心距 10m、墩顶中心距 8m 的双壁斜腿墩，墩高 13.0m，横向宽度 12.0m，壁厚 2.0m。11＃、13＃桥墩采用双柱墩，10＃、14＃桥墩采用双柱框架墩，盖梁尺寸为 27.4m×2.6m×3m。主桥 10＃～14＃墩桩基均采用 ϕ1.6m 的钻孔桩，桩长 45～62m。

2. 其他情况

桥梁支座设计为 GPZ(Ⅱ)型系列盆式橡胶支座。桥面防水为 JBS 防水黏结层。桥梁伸缩装置采用三防缝 SCF—80、SCF—160，梁端不设预留槽口。桥梁所

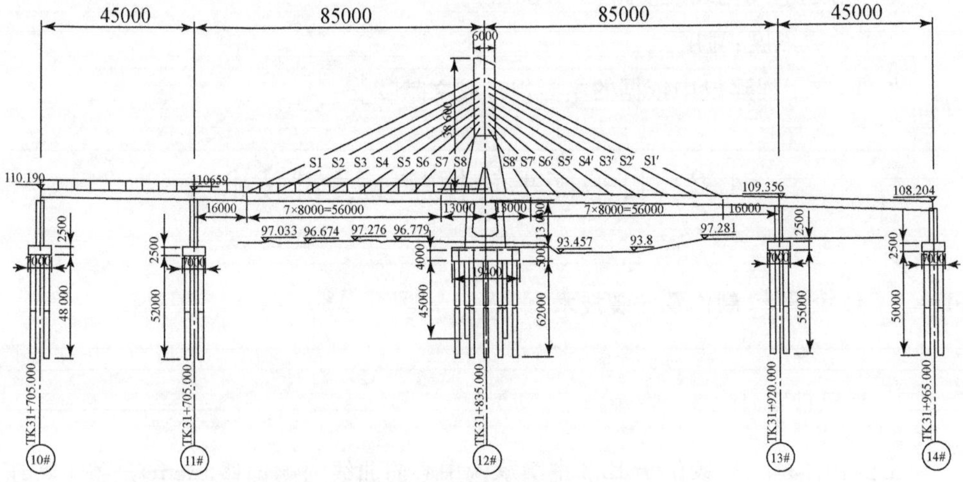

图 4.4　斜拉桥总体布置立面(单位:mm)

用材料及要求见表 4.1。

表 4.1　主要材料及要求

序号	部位名称	规格及要求	序号	部位名称	规格及要求
1	主塔	C60 混凝土	5	桩基	水下 C25 混凝土
2	箱梁	C50 混凝土	6	护栏	C25 混凝土,C50 混凝土
3	主墩身	C50 混凝土	7	斜拉索	PES7;151ϕ7 和 241ϕ7 两种;标准强度 1670MPa;配套张拉端冷铸锚锚具
4	主墩承台	C40 混凝土	8	钢绞线	ϕ^s15.2mm,$A=139\text{mm}^2$,$f_{pk}=1860\text{MPa}$,$E_p=1.95\times10^5\text{MPa}$,低松弛

3. 主要技术标准

(1) 道路等级:公路Ⅰ级,双向六车道。

(2) 设计行车速度:80km/h。

(3) 桥面宽度:主桥 33.0m,整幅布置;引桥 15.5m,双幅布置。

(4) 荷载标准:公路Ⅰ级;桥面布置按双向六车道。

(5) 上跨石太铁路和石获北路:铁路净高＞7.96m,公路净高＞5m。

(6) 跨越电气化线硬横跨：>9.85m。

(7) 地震烈度：Ⅶ度。

另外，本工程建设中依据的主要规范见文献[2]～[4]。

4.2 自平衡平转体施工关键技术

4.2.1 球铰设计、制作及安装技术

1. 球铰的设计

主桥转体系统球铰位于12＃主墩承台中心向曲线内侧偏移16cm，是整个转体斜拉桥能否施工成功的关键部位。转体系统的球铰中心转盘球面半径为8m，平面直径为3.9m，定位中心转轴的直径为260mm。球铰由上下两块钢质球面板组成，上面板为凸面，通过圆锥台与上部的牵转盘连接，上盘就位于牵转盘上；下面板为凹面，嵌固于下盘顶面。上转盘球缺高1.23m，下转盘球缺高0.228m。上、下面板均为由40mm厚的钢板压制而成的球面，为防止加工、运输过程中变形，并方便球铰的定位、加强与周围混凝土的连接，背部设置肋条。下面板上镶嵌乙烯四氟滑片，上、下面板间填充黄油四氟粉。上转盘设有8组撑脚，每组撑脚由2个直径800mm的钢管混凝土组成，撑脚中心的直径为10m。对应上转盘的撑脚、下转盘设有直径为10m的下滑道及12组千斤顶反力座，滑道宽度为1.1m，撑脚与下滑道的间隙为4～6mm，千斤顶反力座用于转体的启动、止动、姿态微调等。球铰设计立面如图4.5和图4.6所示。

球铰设计竖向承载力为165000kN，是整个转体结构的主要受力部件，加工制造质量和标准要求高。在加工制造过程中，要保证各项指标达到以下设计要求：

(1) 球铰各部件的外形尺寸及公差符合设计图纸要求。

(2) 各部件组焊时按焊接工艺要求操作，严格控制焊接变形。焊缝应光滑平整，无咬边、气孔、夹渣等缺陷。

(3) 上球铰的滑动球面表面应光滑，其表面粗糙度应达到▽3，争取▽4。

(4) 凸、凹球面各处的曲率半径应相等，误差±2mm。

(5) 球铰边缘各点高程误差不大于1mm，且不得有挠曲变形。

(6) 球铰球面的水平截面应为圆形，其椭圆度不大于1.5mm。

(7) 下球铰镶嵌的四氟乙烯滑片顶面应在同一球面上，误差不大于 0.2mm，且球心与下球铰凹球面的球心重合。

(8) 上、下球铰的中心轴线应重合，误差不大于 1mm。

(9) 定位销轴套管的中心轴应与球铰中心轴重合，误差不大于 1mm，且钢管中心轴与球面截面圆平面保证垂直，倾斜度≤3‰。

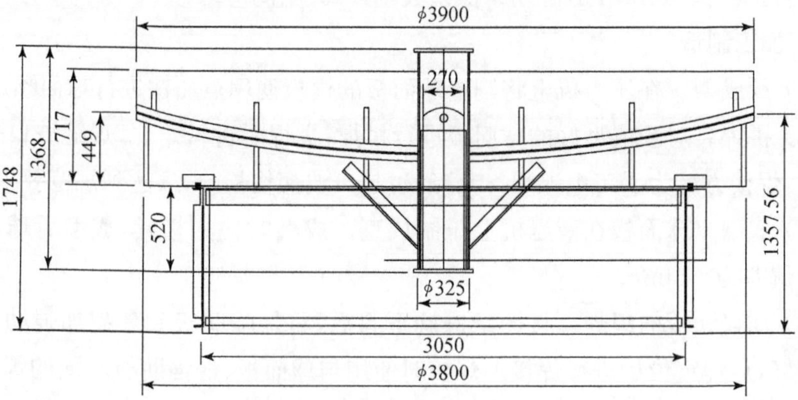

图 4.5　球铰立面(单位：mm)

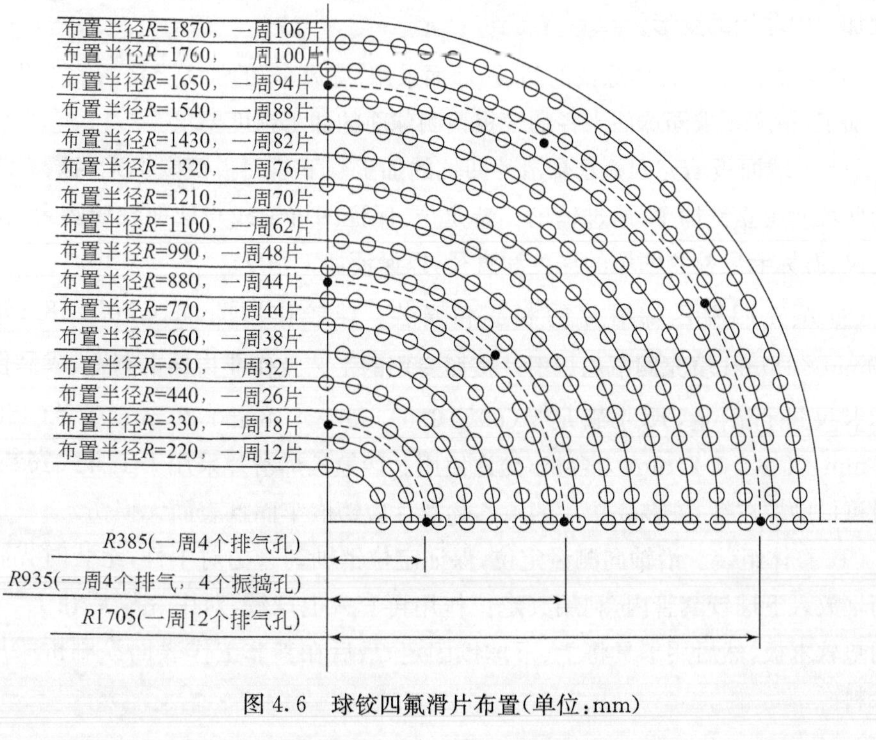

图 4.6　球铰四氟滑片布置(单位：mm)

2. 加工制造工艺

1）材料要求

本次转体采用钢制球铰，球面板采用 Q345 钢板，球铰的加强肋板采用 Q235 钢板，球铰的销轴采用 45 锻钢，聚四氟乙烯滑板采用填充聚四氟乙烯复合夹层滑板，其容许应力≥100MPa，滑动摩擦系数≤0.03(脂润滑)。

2）加工制造

(1) 预成型。在压力机上将制造球面板的钢板使用点压法进行球面预成型。

(2) 拼焊。对预成型好的球面板进行拼焊，拼焊时进行定位，焊缝坡口采用 U 形坡口，焊接方式为手工电弧焊，焊缝经过超声波探伤检验，须达到规范要求。

(3) 成型。球面板在液压机上压制成型。成型时使用模具，成型后球面板的球半径偏差为±5mm。

(4) 加强肋板的组焊。按图纸准确下料后，将加强肋板和环型加强肋板按位置组装好，点焊定位后进行焊接。焊接时使用与球面板、加强肋板匹配的焊条和焊接工艺，并采取措施控制焊接变形，尤其是球面板变形。

(5) 热处理。对组焊好的上、下球铰进行退火处理，消除焊接残余应力，减少后续加工中球铰的变形。

(6) 球面加工。转体球铰的凸、凹球面采用"旋风车"的加工方法，在 ϕ4.2m 立车上加工，精度要求同球面半径的模板检测球面的加工精度要求。

(7) 下球面板填充四氟乙烯滑片凹坑的加工。下球面板镶嵌填充四氟乙烯滑片的凹坑使用立铣加工，通过辅助工装定位，保证凹坑轴线与球面轴线吻合，使用深度尺、游标卡尺检测凹坑的深度和直径，以保证加工精度。

(8) 填充四氟乙烯滑片的制造和安装。球铰使用的 ϕ60mm×18mm 和 ϕ150mm×18mm 填充四氟乙烯滑片按照专用的工艺及作业指导书制造，成品使用游标卡尺进行测量，尺寸满足 ϕ(60±0.5)mm×(18±0.2)mm 或 ϕ(150±0.5)mm×(18±0.2)mm 为合格，允许使用。四氟乙烯滑片采用手工方式安装，安装时可借助橡皮锤，安装完毕后四氟乙烯滑片应镶嵌牢固且表面无损伤。

(9) 整体组装。沿轴向测量定位，保证定位销轴套管的对中性，组装时先将定位销轴放入下球铰套管内，利用其定位作用再套入上球铰，对中完毕后在上、下球面间垫软木板，然后用卡具将上、下球铰固定，最后在其非工作表面涂刷桥梁用防腐涂料。

3）检查验收

转体球铰运至施工现场后，拆除包装进行外观、局部尺寸等检查，结果均应符合图纸要求。清点球铰各部分有无缺少情况、四氟乙烯滑板数量是否满足设计要求，查看球铰的产品终检报告、产品出厂合格证和主材材质书，并将验收结果书面汇报监理工程师，获批后方可使用。检查验收项目及方法见表 4.2。

表 4.2　球铰检查验收项目及方法

序号	项目		内容	方法
1	质量证明材料的检查		材质单、终检报告，出厂合格证	出厂检验时查看；现场验收时接收
2	产品外观检查		焊缝平整饱满；球面板表面光滑、无伤痕、无锈蚀；外表面喷涂良好	目测检查
3	实测主要项目	球面板粗糙度	标准：不小于▽3	样板和塞尺等检查 12 处
		滑片顶面偏差	标准：不大于 0.2mm	样板和塞尺沿半径方向检查 36 处
		上、下球铰的中心轴线	标准：偏差不大于 1mm	经纬仪、垂球、钢板尺检查横、纵向

3. 安装工艺

为了保证球铰安装质量，正式安装前制定详细的球铰安装要求和工艺流程，如图 4.7～图 4.9 所示。

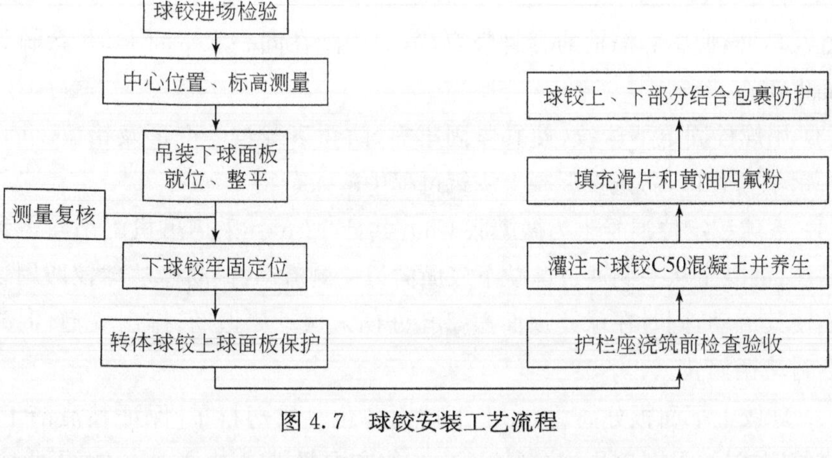

图 4.7　球铰安装工艺流程

图 4.8　在厂家进行检查

图 4.9　现场安装滑片

球铰进场验收合格后，按照施工工艺流程进行安装，关键安装工序要求如下：

(1) 在绑扎承台钢筋时，安装并固定球铰底座。底座采用劲性骨架制作，保证其具有足够的强度和刚度，防止在焊接或混凝土浇筑时变形，导致球铰错位。

(2) 将下球铰放置在已固定好的底座上，在测量人员的配合下调整下球铰中心位置及球面，使中心销轴的套管竖直，球面周圈在同一水平面上，并涂刷黄油以防球面生锈。

(3) 用螺栓固定下球铰，使其紧固牢靠，防止下球铰的变形及错位。同时，盖住中心销轴套管口，防止在混凝土浇筑过程中落入杂物。

(4) 下球铰定位混凝土为微膨胀 C50，共计 12m^3。采用吊机配吊斗运到球铰部位灌注，混凝土从一侧通过球缺下底面向另一侧流动，振动棒从球铰四周边缘往里斜插使其流动，同时在球铰顶面振捣孔处插入振动棒振动，排出气泡，混凝土溢出孔后封堵振捣孔。

(5) 球铰上下面板分离后，在上下球面各包一层塑料布，保证其清洁干净，混凝土浇筑完成后，及时养生、清理球面内积水和混凝土残渣，并用棉纱清理干净。

混凝土终凝前，球铰周边收压混凝土面三遍，防止混凝土收缩。混凝土终凝后，打开下球铰面覆盖物，将整个球面及各滑块安装槽内清理干净。

(6) 将黄油与四氟粉按质量比 120∶1 配制好后，在中心销轴套管中放入黄油四氟粉(100kg)，然后将中心销轴轻放到套管中，放置时保证中心销轴竖直并与周围间隙一致。

(7) 在下球铰凹球面上按由内到外的顺序安装聚四氟乙烯滑板。将聚四氟乙烯滑板安装完毕后，用黄油四氟粉将聚四氟乙烯滑板之间的间隙填满，使黄油面与四氟滑板面相平。整个安装过程要保持球面清洁。

(8) 将上球铰的两段销轴套管接好，用螺栓固定牢固。注意保护好上球铰，将上球铰凸球面涂抹黄油后，用防水塑料布将整个上环铰严密包起来，放置于厚木板上。使用时将上球铰吊起，去掉防水塑料布，并用纱布将凸球面擦拭干净，在凸球面上抹涂一层黄油四氟粉，然后将上球铰对准中心销轴轻落至下球铰上。用拉链葫芦微调上球铰位置，使之水平并与下球铰外圈间隙一致。擦除被挤出的多余黄油，用宽胶带纸将上、下球铰边缘的缝隙密封。

4.2.2　转动系统施工

主桥设计成使主塔、主梁、主墩及斜拉索组成的体系在承台上平转，平转由转体系统来实现。转体系统如图 4.10 所示。

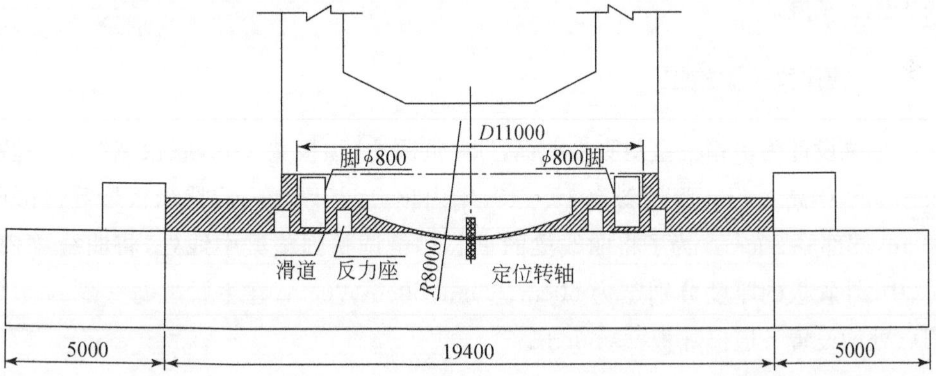

图 4.10　转体系统(单位：mm)

转体系统中心转盘球面半径为 8.0m，上转盘球缺高 1.23m，下转盘球缺高 0.228m，直径 3.9m，定位中心转轴的直径为 0.270m。球铰由上、下两块 40mm 厚的钢质球面板组成，上面板为凸面，通过圆锥台与上部的牵引转盘连接，上转盘就位于牵引转盘上；下转盘为凹面，嵌固于承台顶面。由于整个转体斜拉桥体系均由球铰球面支撑，必须确保上转盘、主塔墩及上部结构施工过程中整个结构的稳定。因此，在施工中必须采取的上转盘稳定性控制措施如下：

(1) 混凝土施工时加强振捣，保证转盘凹面与钢球铰下球面之间、上转盘凸面与上球铰球面之间无空洞、漏振等缺陷，满足其受力要求。

(2) 球铰制造和安装过程中应保证精度。在球铰安装过程中采用球铰底座微调结构，保证球铰球面空间位置、角度、中心位置与设计位置一致，使上部结构的重心与设计偏差在允许范围之内，保证结构稳定。

(3) 上转盘钢管混凝土撑脚与滑道间的间隙应均匀一致，在施工阶段其底面滑板与滑道间的间隙控制在 24mm 以内，并严格控制其在同一个水平面上。

(4) 上转盘滑道之间设沙箱辅助支撑。在上下转盘间设置了 12 对钢管沙箱，采用烘干的粗砂预压填充。最后使整个上部结构的支撑体系成为球铰与沙箱共同支撑的临时稳定体系。

(5) 施工过程中严格控制上转盘、墩身等结构物尺寸，使上部结构的重心与设计相符。

(6) 施工过程中严格控制施工荷载，尽量减少不必要的施工荷载，同时保证施工荷载对于球铰中心对称，确保其稳定。

以上技术措施和工艺措施确保了施工过程中转盘及整个结构体系的稳定，提高了施工精度。

4.2.3 转体段箱梁施工

主梁设计为单箱三室斜腹板截面，C50 混凝土，顶板宽 33m，底板宽 21m，悬臂长 4.5m，梁高 2.5m，腹板斜率 19∶15，箱内顶、底板厚 36cm，翼缘板悬臂根部厚 60cm，端部厚 20cm。为了将曲线梁的重心尽量调整到箱梁中线处，将曲线梁内、中、中、外腹板的厚度分别定为 50cm、50cm、50cm、70cm，在主梁上每一斜拉索锚固点处均设置一道横隔板，厚 60cm。

1. 施工段划分

根据现浇梁尺寸(长 142m，宽 33m)，在铁路南侧主桥转体前位置进行现场测量放样，精确定出现浇梁的纵轴线、梁端位置及桩位。按照设计分三段进行施工(图 4.11)，分段方法为首先浇筑塔根 20m 主梁节段混凝土，其次浇筑两端各 61m

长节段主梁。

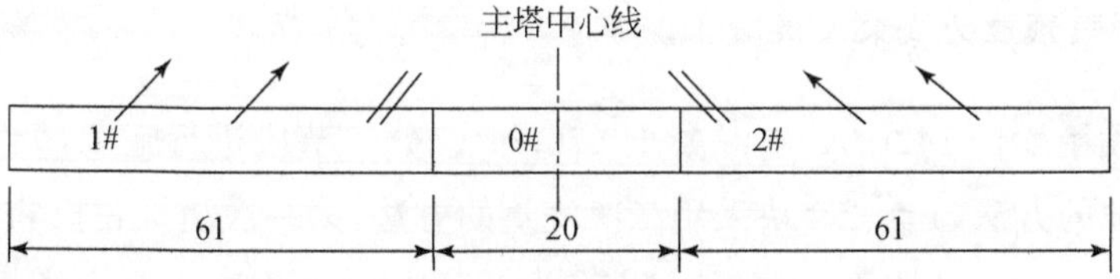

图 4.11　主梁施工段划分示意图(单位:m)

2. 地基处理

由于分段箱梁浇筑完成周期较长,特别是 1＃块和 2＃块分段长度 61m,以及 0＃块承台上和承台以外的地基承载力不同,为防止地基不均匀沉降,保证现浇梁施工质量,对地基作如下处理:

(1) 12＃主墩承台基坑回填采用砂砾分层回填,层厚 20cm,填至地面;基坑四周采用 20cm 厚的 C20 混凝土硬化处理,防止不均匀沉降。

(2) 场地清除腐殖土并用压路机反复碾压,设置好排水系统,表面整体铺一层 25cm 碎石材料,碾压密实,再铺筑 12cm 厚的 C20 混凝土硬化处理,保证其沉降量在规定范围以内。

3. 支架、模板设计

1) 支架设计

待地基承载力达到设计强度后,在地基上搭设碗扣式支架。支架横向、纵向基本间距均为 90cm,在横隔梁、腹板处支架间距减小为 60cm,平杆的步距为 1.2m,局部加强段为 0.6m。支架拼装完毕,采用堆载沙袋对支架进行预压。

2) 模板设计

箱梁腹板侧模、底板模板采用 1.5cm 厚覆膜胶合板作为面板,背后用 10cm×10cm 和 12cm×12cm 方木作为分配梁。内模均采用木模板,内箱采用方木框架,面板背面铺钉 8cm×8cm 方木做肋。底模横向分配梁采用 10cm×10cm 方木,间距为 30cm;纵向分配梁采用 12cm×12cm 方木,间距与立杆间距相同。

箱梁模板安装采用底板模型包侧模的方式,并在底模横向分配梁上设纵向支撑,以固定侧模下端。底模、侧模面板接缝处均采用 2mm 厚双面泡膜胶贴紧并与带木钉牢,不平处用玻璃胶封堵抹平。侧模上口利用通风孔设置横桥向拉杆,以克服水平力。

4. 钢筋、预应力安装及混凝土浇筑

转体段箱梁长 142m，C50 混凝土 4767m^3。分三节段进行施工，0＃块采用一次浇筑到顶的方法，1＃、2＃块采用二次浇筑的方法，第一次浇筑底板和腹板，第二次浇筑顶板。主桥转体段 0＃块主梁长 20m，下与墩身相连，上为主塔根基。施工控制难点主要为：①钢筋密集，纵、横、竖向预应力交错，主塔与主墩预埋钢筋较多，与主塔劲性骨架钢筋错综复杂，安装时难以保证其空间位置；②采用支架法施工浇筑主梁，承台范围内支架以承台表面为基础，沉降量小，而承台范围以外部分支架位于混凝土硬化层，施工沉降大且不均匀；③梁体一次浇筑混凝土方量较大，初凝时间控制难度大。以下对几个施工难点进行了重点控制。

1）钢筋、预应力安装

合理安排钢筋、预应力筋（预应力管道）、主塔劲性骨架及主塔预埋钢筋安装顺序，确保其空间位置尤为重要，具体施工工艺为：主塔墩顶钢筋调整→箱梁底板钢筋→箱梁底板预应力筋→箱梁腹板及横梁钢筋→箱梁腹板及横梁预应力筋→主塔劲性骨架→箱梁顶板钢筋→箱梁顶板预应力管道→主塔预埋钢筋→箱梁桥面系预埋钢筋。

混凝土浇筑过程中，为防止预应力管道位移和进浆，采取以下措施：

（1）预应力波纹管定位 U 形筋与箱梁钢筋点焊牢固。

（2）箱梁底、腹板及横梁预应力波纹管穿钢绞线压重，防止波纹管上浮；箱梁顶板波纹管内套芯棒。

（3）波纹管接头采用大管套小管方式，并用胶带密封。

（4）混凝土浇筑施工时振动棒避开波纹管，钢筋密集处采用 ϕ20mm 振动棒振捣。

（5）严防电焊焊渣烧伤或杂物、钢筋尖刃伤波纹管，模板闭合前仔细检查波纹管，发现破损和接口拉脱应及时缠裹好。

（6）混凝土浇筑时，为防止波纹管进浆，每间隔 1h 将钢绞线和芯棒抽动一次，直至混凝土终凝。

（7）混凝土浇筑过程中对有进浆疑问的波纹管注水冲洗。

2）混凝土浇筑

梁体混凝土采用大型混凝土搅拌车直接运至工地，通过混凝土泵车输送至浇筑部位。浇筑过程严格按照水平分层、斜向分段的原则，实施连续灌注。混凝土分层厚度为≤30cm,每段左右对称浇筑。箱梁底板的中部、梗胁部位、锚后、预应力管道和钢筋密集区、分层混凝土接茬部位均是质量控制的重点,混凝土布料、人工振捣严格按设计及规范要求进行。浇筑完成后,对箱梁顶板顶面进行收浆及平整,并及时覆盖养护。

3）混凝土养生

为保证梁体混凝土有适宜的硬化条件,防止发生不正常的混凝土收缩,在混凝土浇筑完毕后梁面采用篷布覆盖,并浇水养护,箱梁内浇(喷)水养生,使混凝土表面始终保持在100%湿度状态。梁侧迎风面用塑料薄膜覆盖。且混凝土养护时间不少于7天,从浇筑完至整个养护阶段,尽量保温,防止骤冷骤热,造成冷热冲击而出现温度裂缝。因此,养护时尽量减小水温与混凝土表面温度的差值,采用勤浇水、蓄水、喷水等方法,未拆模前也应保持模板湿润。

5. 预应力施工

主梁内布置有纵向、横向和竖向三向预应力。在斜拉索的锚固区,采用低回缩BSM预应力体系。主梁纵向预应力筋为19-7ϕ5、12-7ϕ5钢绞线,锚具为15-19、15-12型夹片锚;横向预应力筋为3-7ϕ5钢绞线,锚具为BM15-3型夹片锚;支点横梁预应力筋为22-7ϕ5钢绞线,锚具为15-22型夹片锚;斜拉索锚点横梁预应力筋为7-7ϕ5/5-7ϕ5钢绞线,锚具为BSM15-7/BM15-5型夹片锚;竖向预应力筋为ϕ32高强精轧螺纹钢筋,YGM-32锚具。

预应力张拉主要采用千斤顶张拉,主梁预应力总体张拉顺序是纵向→横向→竖向。预应力筋张拉控制如下:

(1) 普通钢绞线的张拉:0→10%σ_k→103%σ_k持荷5min→σ_k。

(2) 精轧螺纹钢筋张拉:0→初应力→σ_{con}(持荷2min锚固)。

(3) BSM低回缩预应力体系的张拉:0→100%σ_k→顶压器顶压20MPa→锚固→0(安装撑脚)→100%σ_k→锁紧外锁母。

张拉完成后应及时对夹片外多余钢绞线进行切割,并封堵、灌浆。压浆机具为$3m^3/h$活塞灌浆泵、250L搅拌机和$1m^3$储浆罐。

4.2.4　主塔及斜拉索施工

该桥为单塔、单索面、曲线箱梁斜拉桥,主塔采用了顺桥向的倒"Y"字形结构。采用C60号混凝土,塔高38.6m,其中,顶部高24.6m,下部高14m。主塔无索区段横向宽 2.5m，斜拉索锚固区为了满足锚固张拉的需要，加宽至 2.9m，桥塔上段顺桥向宽度为 6.0m，为了加强主塔的纵向刚度，下段主塔的宽度由上段的 6.0m 分叉至根部的 12m。

材料、设备运输方式：水平运输采用汽车运至墩位，垂直运输由塔吊完成。

混凝土：拌和站集中拌和，搅拌车运送至工地，下半部采用输送泵泵送入模，上半部采用塔吊将混凝土用吊斗吊运到位。

根据施工的需要，主塔施工配置一台固定式 H3/36B 塔吊，专门负责主塔施工。

1. 主塔混凝土配合比设计

主塔采用 C60 高强高性能混凝土，该混凝土具有良好的工作性能和流变性能，具有不泌水、不离析、可泵性好、易成型的特点。这既保证了混凝土的浇筑质量，避免各种因素造成的不匀质或先天缺陷；待其硬化后，足够高的强度、优良的体积稳定性、高抗渗性又使其具有优越的耐久性。

1）原材料选择

本工程水泥选用太行山牌 P. O42.5R 水泥。进行了水泥凝结时间、抗压强度、抗折强度、细度、安定性等技术性能指标试验，结果满足规范要求。细集料宜选用质地坚硬、含泥量小、级配良好的中粗砂；碎石选用压碎指标较小的碎石或碎卵石，且含泥量小，级配良好，有利于改善拌和物的性能和提高混凝土的质量。本工程采用鹿泉碎石，粒径为 5～25mm。选用适宜的外加剂是配制高强高性能混凝土的技术关键，经多组外加剂的对比试验，最后选用与水泥适应好的麦斯特 ASTP 聚羧酸类高效减水剂，减水率为 17.8%。外掺料选用 S95 磨细矿粉和二级粉煤灰，用量通过试验确定。

2）混凝土配合比设计

根据我国现行行业标准《普通混凝土配合比设计规程》（JGJ 55—2011）中规定，普通混凝土强度的保证率为 95%，即 $f_{cu,0} \geqslant f_{cu,k} + 1.645\sigma$，但高强混凝土应提高其配制强度。对此，本工程中 C60 混凝土在确定配制强度时，按设计强度的 120%进行设计。试验设计了多种不同配合比，对每种配合比材料进行了性能试验。

经现场实测对比发现，几种配合比材料中，2＃配合比混凝土的和易性、黏聚性、保水性好，流动性大，具有较大的扩展度，无离析泌水现象；混凝土的水平泵送最高高度为 50m（3 个弯管），一次成功，泵送性能良好。另外，采用高掺量粉煤灰和高效减水剂制备的高性能混凝土，可使水灰比大大降低、无离析泌水现象、内部微结构均匀密实、界面过渡区改善且抹面性能好，降低了水泥用量，从而降低了施工成本。

2. 主塔施工要点

主塔施工是以梁体作为支架基础，按常规的翻模施工方法进行施工。主塔四周设钢管脚手架作为施工平台，安装模板、钢筋、浇筑混凝土；其中，在主塔下部16m 范围(主塔倒“Y”形两斜腿部位)的两斜腿之间设置支架，以克服两斜腿在混凝土施工期间因自重产生的水平力。主塔施工工艺流程如图 4.12 所示，对于施工中的关键工序要求如下。

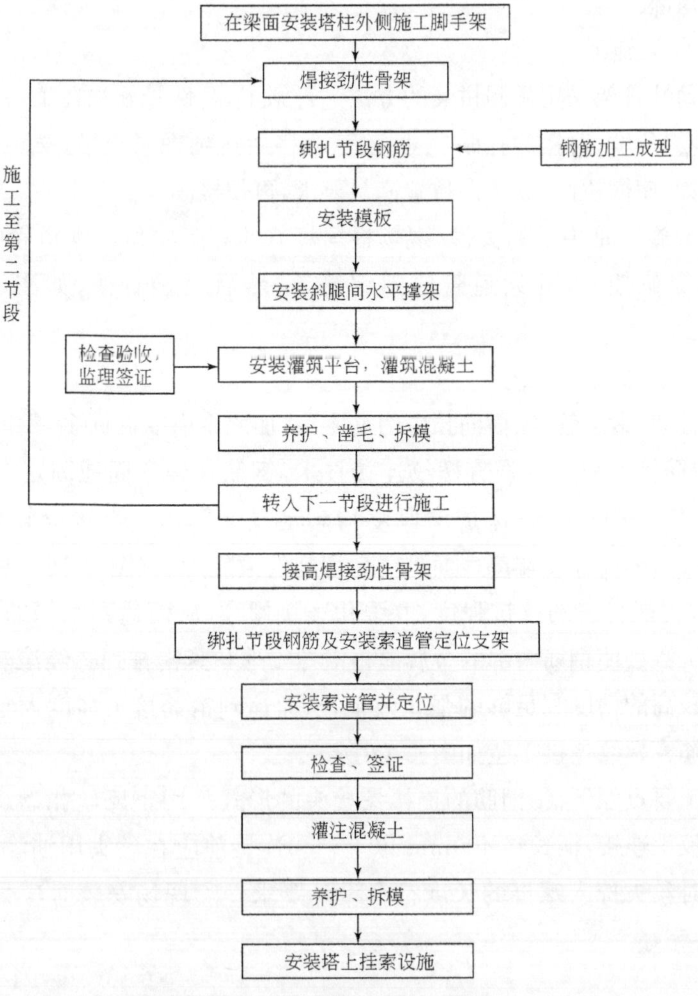

图 4.12　主塔施工工艺流程

1）脚手架搭设

12＃墩主塔钢管脚手架采用扣件式普通钢管脚手架，其中，主塔立杆纵、横基本间距均采用1m，水平杆约1.2m。在浇筑0＃块时预埋钢筋使钢管底部形成固结，钢管脚手架沿高度方向每隔6～8m与墩柱间设一道水平连接，可采用与墩柱上对拉筋互相连接的方式形成整体。此外，拆模后将水平方向钢管与墩柱顶紧以提高支架抵抗水平力能力。支架上设宽度约1m的“Z”形人行布板梯，铺设方木供作业人员上下班使用，人行布板梯外侧用安全网封闭，陆续延伸塔顶，支架上所有脚手板与支架间捆绑牢固，防止大风刮落伤人。工作平台外侧设防护网封闭。本支架仅用作施工脚手架，模板与支架隔离，在支架侧边搭设井字架以固定泵管，并延伸到主塔顶部。

2）劲性骨架施工

主塔内劲性骨架采用预制拼装的方法进行施工，劲性骨架先在工厂精确预制。检查轴线、倾斜角度、对接的孔眼尺寸，确认合格后运到现场起吊，安装就位，经测量调整其位置，使横桥向、纵桥向位置满足要求，再焊接固定。

劲性骨架施工是主塔的关键，现场根据每节的高度定位出索道管的位置，焊接索道管的定位架，绑扎索道管锚固钢筋等，然后吊装骨架，如图4.13和图4.14所示。

3）钢筋加工及施工工艺

因劲性骨架、索道管、纵横向预应力筋密集，加之主塔变截面多，钢筋连接条件差，主塔内主筋接头采用等强直螺纹连接技术，钢筋骨架牢固地固定在劲性骨架上，保证了钢筋间距、斜率、保护层厚度均满足设计要求。直接滚轧直螺纹（图4.15），是通过对钢筋连接端部表面进行无切削的滚轧加工（图4.16），利用钢筋冷加工的原理，提高材料的抗拉强度，并强化连接螺纹，从而达到钢筋的等强连接。此种螺纹加工方法使钢筋内部的金属晶格沿螺纹形状紧密排列。经滚轧后的钢筋连接螺纹有较高的精度和足够的强化效果，从而达到钢筋接头强度大于母材强度的目的。钢筋直螺纹连接工艺如图4.17所示。

钢筋施工要点如下：①钢筋的连接按接头的形式采用正反丝扣型。②钢筋直螺纹用管钳扳手连接，柄长在400mm以上。③连接前应在丝头用油漆作标记，确保现场施工时丝头拧入螺母的长度符合设计要求。④现场安装时应目测丝头外观，保证丝头完好。

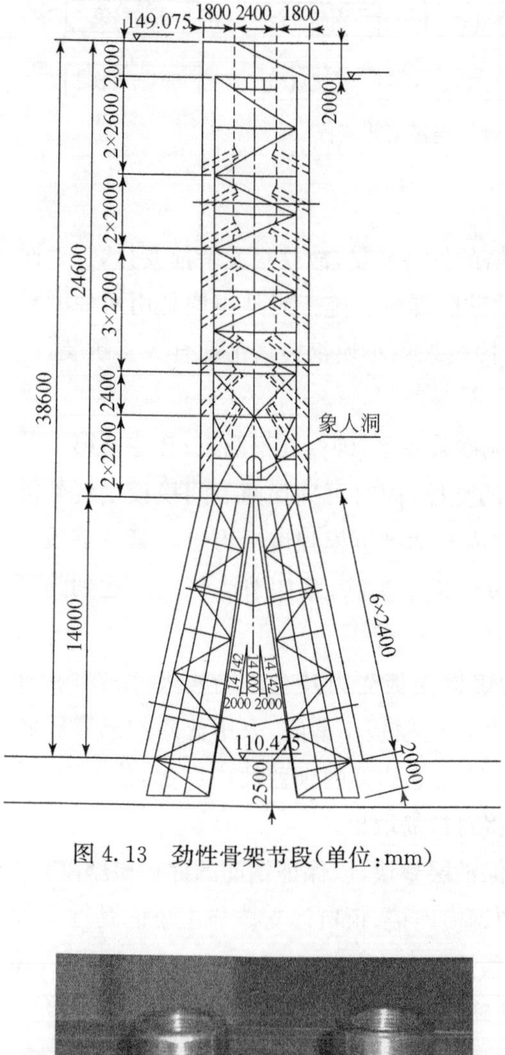

图 4.13　劲性骨架节段(单位:mm)

图 4.14　劲性骨架施工

图 4.15　直螺纹螺母

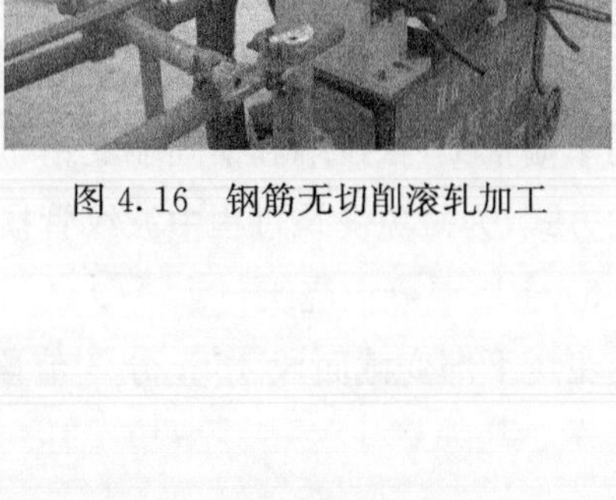

图 4.16　钢筋无切削滚轧加工

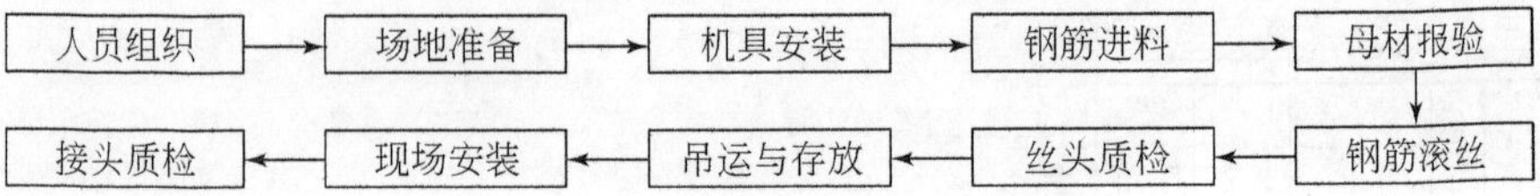

图 4.17　钢筋直螺纹连接工艺流程

4）主塔模板施工

主塔模板的质量好坏直接关系到主塔的外观质量，故模板安装前要打磨，表面涂优质脱模剂，模板拼缝采用双面胶带粘贴防漏浆。施工时外模均采用两种型号的大块钢模板（3m×2.9m，3m×2.5m），内模采用小块钢模塔吊配合人工拼装，以保证混凝土外观光滑、美观。

第一节模板安装时在梁顶面采用水泥砂浆找平，确保其不漏浆；在主塔第一节施工完后，模板不拆除，作为第二节模板的支撑，同时可确保两节间模板接缝处混凝土平顺无错台；在第二节混凝土浇筑完成并达到拆模强度后再进行第一节段主塔模板的拆除；同样第三节施工时第二节模板不拆除；第四节浇筑完成达到强度后，第三节模板可拆除；依次循环直到塔顶。

由于主塔截面（6m×2.5m）较大，为确保模板受力及主塔结构尺寸，在内、外模板之间设对拉筋定位。为保证对拉筋孔位处模板不漏浆，采用比对拉筋直径稍大的 PVC 管，并让其从模板上与 PVC 管外径等孔径的预留孔内穿出，使 PVC 管与模板之间无缝隙，不发生渗漏，拆模后将对拉筋取出。

钢模与钢筋网之间采用专用的塑料保护层垫块，以保证钢筋的保护层厚度。

模板定位方法是：底口与下一节段的钢模连接，顶口加支撑与主塔的劲性骨架相连；顶、底口之间采用对拉筋定位。模板安装过程中测量人员全程跟踪定位，并在浇筑混凝土前进行复查，确保其位置准确。

5）主塔预应力筋

主塔布置有三向预应力筋，竖向预应力筋采用 12-7ϕ5 镀锌钢绞线，标准强度 1860MPa，全部采用 $\phi_{内}$90 波纹管成孔，采用单端方式张拉；纵横向预应力筋采用 ϕ32 高强精轧螺纹粗钢筋，共 452 根，采用 $\phi_{内}$50 波纹管成孔，纵、横向预应力筋均采用单端张拉，张拉端和锚固端交错布置；ϕ32 高强精轧螺纹粗钢筋管道采用单端联通方式，为避免浇筑过程中波纹管损坏、漏浆，提前进行注水检查。

6）主塔混凝土浇筑

主塔下部变截面段 16m 分 3 节段进行施工：第一次浇筑 4.2m；第二次浇筑

7.8m；第三次浇筑4m。其施工步骤如下：在梁面安装主塔外侧施工脚手架→焊接劲性骨架→绑扎第一节段钢筋→安装模板→安装斜腿间水平撑架→检查并签证、安装混凝土浇筑平台及漏斗、串筒→浇筑混凝土→养护、凿毛→拆模→同样工序施工第二节段(取消安装斜腿间水平撑架这一工序)。

主塔上部高度为22.6m，分六节段施工，如图4.18所示。其中，第一节段为4.5m；第二节段为4.2m；第三节段为4.1m；第四节段为4m；第五节段为3.8m；第六节段为2m。主塔顶部为斜拉索锚固区，预埋件较多，且定位精度要求较严，是主塔施工中的关键部位。

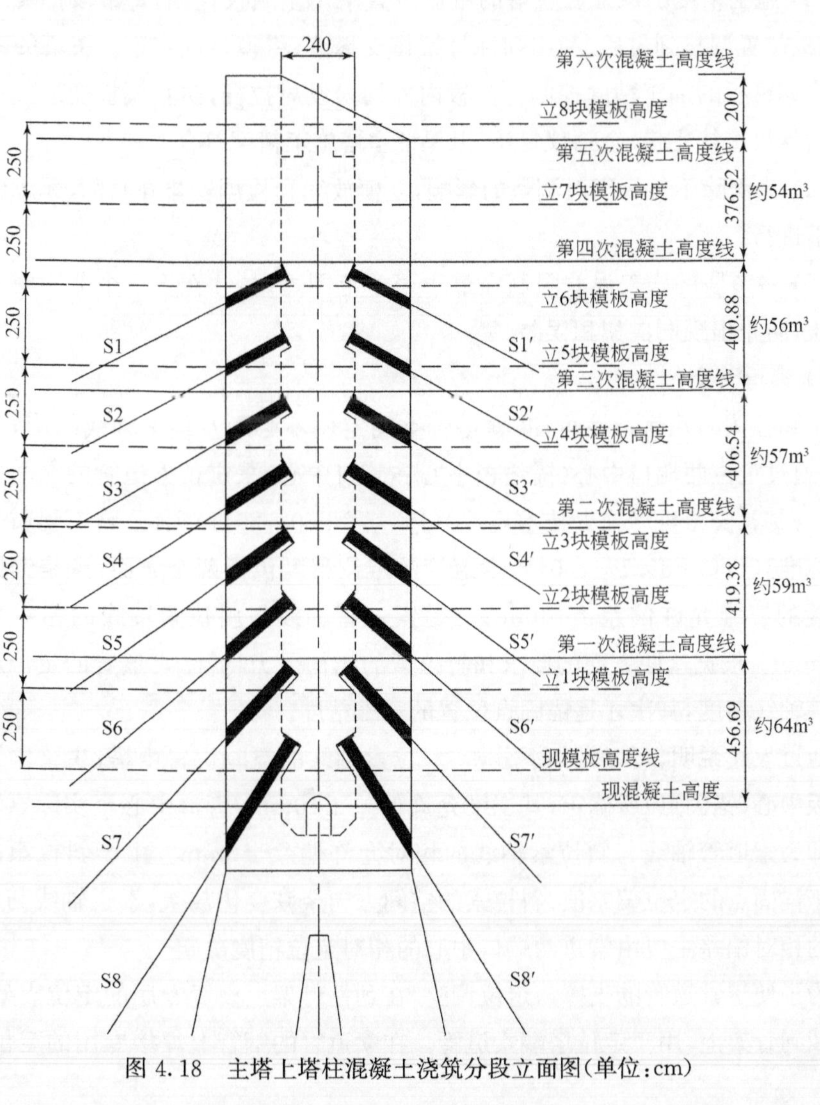

图4.18　主塔上塔柱混凝土浇筑分段立面图(单位：cm)

主塔混凝土施工采取的主要措施如下：

(1) 上部施工脚手架每节段设置一层防护，四周用安全防护网密封，并布设防滑脚手板。主塔施工的安全控制是重点，本桥临近既有线，安全工作更要严格管理。

(2) 索道管的安装。索道管的安装定位是主塔施工的关键工作，直接影响主塔施工进度，为控制好索道管的位置，施工时特别设计和制造索道管的定位装置。索道管与劲性骨架形成牢固的整体，在浇筑主塔混凝土过程中严禁移位现象的发生。

(3) 施工精度的保证。主塔的平面位置采用全站仪控制，每节段都要进行测量，模板位置调整到位后，利用劲性骨架作支撑点，将模板固定牢。主塔的断面尺寸依靠钢模板的加工精度控制。模板内外均增设对拉杆，防止模板变形。主塔的高度用钢尺直接丈量、全站仪复核，以保证主塔施工精度符合要求[4]。

(4) 为消除不良天气对测量的影响，立模放线和检测安排在晴朗、无风的天气条件下进行。

(5) 各节段的施工误差限制在最小误差范围之内，并在下一个节段施工中予以纠正，防止出现同向累积误差。

7) 索道管定位

由圆柱体的几何特性可知，索道管空间定位不必顾及绕索轴线的旋转量，因此，可通过定位两端口中心(锚垫板中心和管口中心)来定位索道管的空间位置和姿态。根据《公路桥涵施工技术规范》(JTG/T F50—2011)和《公路工程质量检验评定标准》(JTG F80/1—2004)，索道管的定位精度包括两个方面：一是锚固点空间位置的三维允许偏差±10mm；二是索道管轴线与斜拉索轴线的相对允许偏差±5mm。根据这两方面的要求和斜拉索的结构受力特性，索道管的定位应优先保证其轴线精度，其次才是锚固点位置的三维精度。

通过上述说明，可以做如下分析：斜拉索轴线的空间位置由塔、主梁索道管的锚垫板中心(锚固点)所确定，其三维允许偏差±10mm；管口中心至实际索轴线的垂距即为索道管轴线与斜拉索轴线的相对允许偏差±5mm。由于斜拉索的长度远大于锚固点的定位偏差值，斜拉索的空间方向余弦变化甚微，索道轴线与斜拉索轴线的相对偏差主要由索道两端口中心的相对定位精度决定。

为了便于索道管的支撑与定位调整，在劲性骨架上设置专用的定位支架，吊装前安装到骨架上，用于定位塔端索道管。在索道管的钢管上焊接专用的定位支座，支座的底板支撑在定位架上，并设置有相应的水平和竖向微动螺栓，供索道管定位时的微动调整；埋设在主梁上的索道管，其锚固板定位槽钢直接支撑在主梁腹板混凝土上。

索道管定位采用三维坐标法，即外控法。外控法测量作业的程序如下：

(1) 首先放样锚固钢套管的概略位置于劲性骨架上，使之基本就位。

(2) 利用一定厚度的钢板加工一个锚固钢套管标定件[图 4.19(a)]，该标定件的直径与斜拉索索道管内径一致，四周焊接对称的四块垫板，精确标定圆周中心，并做好标记。将其放到索道管中心，使盘面与锚垫板[图 4.19(b)]吻合到同一平面并固定，此时盘心即为索道管锚垫板的中心。

同样，用一定厚度(约 1cm)钢板加工一个半圆形的标定件[图 4.19(c)]，该标定件直径与斜拉索索道管内径一致，精确标定圆周中心并做好标记。将其插入预先标定好的索道管外管口[图 4.19(d)]，使其吻合并固定，此时盘心即为外侧套筒中心位置。

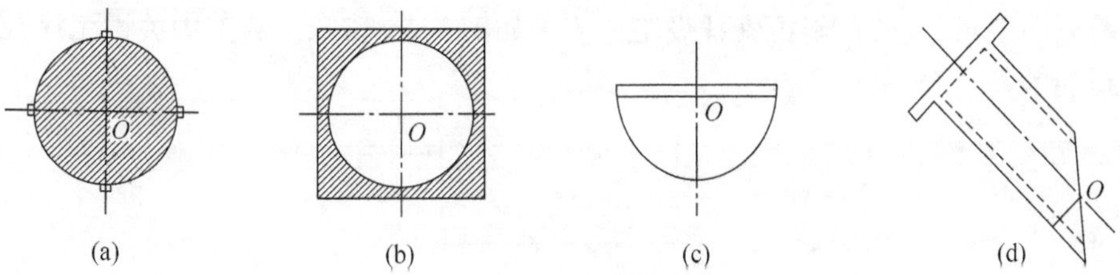

图 4.19　索道管定位方法

(3) 由控制点上的全站仪直接测量索道管的锚垫板中心和管口中心三维坐标，并由实测坐标计算两中心的间距。

(4) 将锚垫板中心调整到设计位置并检测。

(5) 由锚垫板中心实测坐标(调整到位后)、斜拉索的空间方向余弦(设计值)和两中心间距计算管口中心的设计坐标。

(6) 将管口中心调整到设计位置并检测，然后计算实测点位至斜拉索轴线的垂距(偏差值)。

(7) 由于调校管口时可能引起锚垫板移动，故应复测锚垫板中心并再次调校。

(8) 重复步骤(5)～(8)，直至满足定位精度要求。

该方法的定位精度不受索道管及锚垫板焊接加工误差的影响，但在梁端索道管不能直接在锚垫板中心和管口中心进行观测，这时可将观测点移至索道管外壁中线上，计算时要考虑测点之间的换算，统一换算到对应的管中坐标进行计算。测量程序不变，但定位精度就会受索道管及锚垫板焊接加工的影响。

3. 斜拉索施工

全桥设 8 对共 32 根斜拉索，每组斜拉索由 2 根 PES7 低应力新型索体的双层 PE 热挤聚乙烯拉索构成(1670MPa 高强低松弛镀锌钢丝)。S3～S8(S3′～S8′)拉索截面组成为 241 根 ϕ7 钢丝；S1～S2(S1′～S2′)拉索截面组成为 151 根 ϕ7 钢丝，最大张拉索力为 600t。斜拉索冷铸锚具两端均采用相同截面的张拉端冷铸锚锚具，斜拉索在主梁上标准索距为 8m。

斜拉索安装、张拉施工主要包括：运输、索上桥面、展索、挂索、张拉、索力检测、调整索力及减震装置安装、锚具防腐、防雨罩安装等工序。

斜拉索张拉总体顺序是先曲线外侧，再曲线内侧，先短索，再长索。即曲线外侧 S8、S8′→曲线内侧 S8、S8′→…→曲线外侧 S1、S1′→曲线内侧 S1、S1′，主跨与边跨侧同步对称进行，斜拉索挂设工艺流程如图 4.20 所示。施工中关键工序控制方法如下。

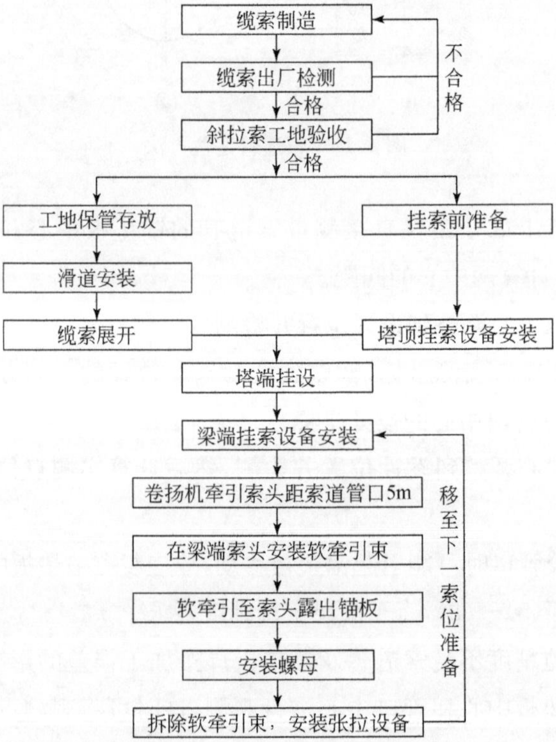

图 4.20 斜拉索挂设工艺流程

1）斜拉索张拉

斜拉索按照工艺流程，在固定于梁端的卷扬机和固定式 H3/36B 塔吊的配合下，依次完成挂索前的准备、展索、塔端拉索安装、梁端拉索安装、软牵引安装等工作后，开始斜拉索张拉，最后再完成减震装置、锚具防腐、防雨罩等防护工程。斜拉索挂索前的准备、展索、塔端拉索安装、梁端拉索安装、软牵引安装、防护工程等工作按照常规施工工艺进行，在此重点阐述斜拉索张拉工艺和索力检测工作。

张拉前一系列的施工准备工作如下：①对千斤顶、油泵及压力表应进行配套力值标定、校核，油压表采用 1.5 级精度；②将张拉工装系统中的千斤顶、张拉杆、撑脚、螺母，按顺序安装就位；③将张拉设备吊装在张拉索号附近；④张拉前应先检查标定过的配套张拉设备是否完好，应确保张拉设备 100%完好。

斜拉索张拉过程及要求如下：

（1）同一索号的斜拉索同步分级均衡缓慢加载，并及时旋紧螺母。每组斜拉索以设计目标索力的 10%为一级进行分级张拉，张拉过程中对测量主塔位移及桥面标高进行同步监控，如出现异常情况应立即停止张拉。

（2）待问题解决后，由现场监控下达指令方可继续张拉。

（3）斜拉索张拉按 S8、S8′→S1、S1′顺序进行，每一组斜拉索张拉完成后，认真填写记录，确认无误后拆卸张拉设备，进行下一组斜拉索张拉的准备工作。

具体的张拉工艺流程如图 4.21 所示。

2）索力检测

在施工过程中对索力通过频率法进行复核，并以频率计算结果作为最终结果。同时，在后续施工过程中，使用频率法对索力进行了测量。

（1）频率法测索力原理分析。

频率法测索力是目前索力测定中应用最广泛的方法。其原理是首先通过振动测试，识别出索的自振频率，由于索力与其振动频率之间存在着特定的关系，索力可由频率换算而间接得到。通常的做法是将拉索理想化为张紧的弦，使用下列公式进行测量。

$$T=4\rho l^2 f^2 \tag{4.1}$$

式中，T 为频率法的实测索力；ρ 为斜拉索线密度；l 为斜拉索的计算长度；f 为测试得到的斜拉索基频。

以上方法忽略了拉索实际存在的抗弯刚度的影响，有时会带来不可接受的误

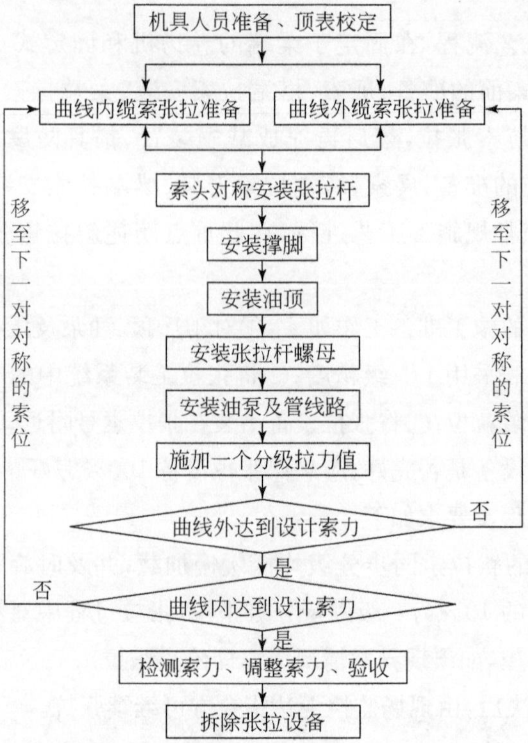

图 4.21　斜拉索张拉施工工艺流程

差。石家庄环城公路跨石太铁路转体斜拉桥主桥的斜拉索长度最短仅为 23.53m(S8 斜拉索)，其抗弯刚度不可忽略不计，因此，在本次施工监控的索力测量中采用考虑抗弯刚度的索力测量公式，如下所示：

$$T=\begin{cases}3.432\rho l^2 f^2-45.191\dfrac{EI}{l^2}, & 0\leqslant\varepsilon\leqslant 18 \quad (4.2a)\\ \rho\left(2lf-\dfrac{2.363}{l}\sqrt{\dfrac{EI}{\rho}}\right)^2, & 18<\varepsilon\leqslant 210 \quad (4.2b)\\ 4\rho l^2 f^2, & 210<\varepsilon \quad (4.2c)\end{cases}$$

式中，T 为频率法的实测索力；ρ 为斜拉索线密度；l 为斜拉索的计算长度；f 为测试得到的斜拉索基频；EI 为斜拉索的抗弯刚度；ε 为无量纲参数，$\varepsilon=\sqrt{\dfrac{T}{EI}}l$。

斜拉索的索力监测分为单组斜拉索张拉过程中的索力监测、斜拉索张拉过程中对已张拉完成斜拉索的索力监测、斜拉索全部张拉完成后的索力监测、支架拆除后的索力监测、主桥合拢施工完成后的索力监测、主桥二次调索后的索力监测、主桥桥面铺装施工后的索力监测等几个阶段。

(2) 检测结果分析。

根据主桥索力监控结果分析:①斜拉索在分级张拉过程中,各级实测索力与理论索力差别均在10%以内,满足设计要求。在斜拉索张拉过程中,已张拉斜拉索索力随后续斜拉索的张拉有减小的趋势;②斜拉索在张拉完成后,S8外、S8′内两根斜拉索由于在千斤顶回油前,张拉端螺母未完全拧紧造成索力下降比较明显,在对上述两根斜拉索进行补张拉后,全桥索力与张拉控制索力差别均在5%以内,满足设计要求;③在进行斜拉索安装时,本桥斜拉索与索道管的对中情况依不同索号而略有差别,因此在监控过程中,根据安装阻尼器前后斜拉索基频的变化情况,反推得到每组斜拉索的理论计算长度;④全桥进行二次调索后,实测索力与理论索力差别均在3%以内,满足设计要求。

4.2.5　转体施工

斜拉索挂设并张拉完成后,从12号墩中心向梁端分段对称地将梁下支架全部拆除,然后进行称重,称重后对转体结构姿态进行全面检查,主要有主梁的横坡度、梁端标高、主塔的垂直度及梁端中心线等。根据试转成功后确定正常转速、制动距离、点动速度等转体参数,然后进行连续的转体施工作业。

平转技术指标如下:

(1) 结构重心。球铰中心由承台中心向曲线内侧移160mm,保证转体中心与转体结构重心重合。

(2) 转体重量为16500t。

(3) 平转角度约75.74°。

(4) 平转速度。角速度$\omega \leqslant 0.02$rad/min;主梁端部水平线速度$v \leqslant 1.2$m/min。

(5) 转体时间为80～90min。

转体施工是该桥最为关键的工序,该工序的工艺研究是该桥工艺研究的重点。转体施工的工艺流程如图4.22所示。斜拉桥转体扭矩分两部分:一部分是克服动摩擦所需的扭矩,此部分扭矩按动摩擦系数(约0.02)计算所得,采用上转盘预埋的2×19-7ϕ5钢绞线牵引克服;另一部分是转体启动阶段静摩擦力所产生的扭矩扣除上转盘钢束牵引力扭矩后剩余的扭矩,由上转盘下的钢管混凝土撑脚与承台上的千斤顶反力座间助推千斤顶施加扭矩克服。

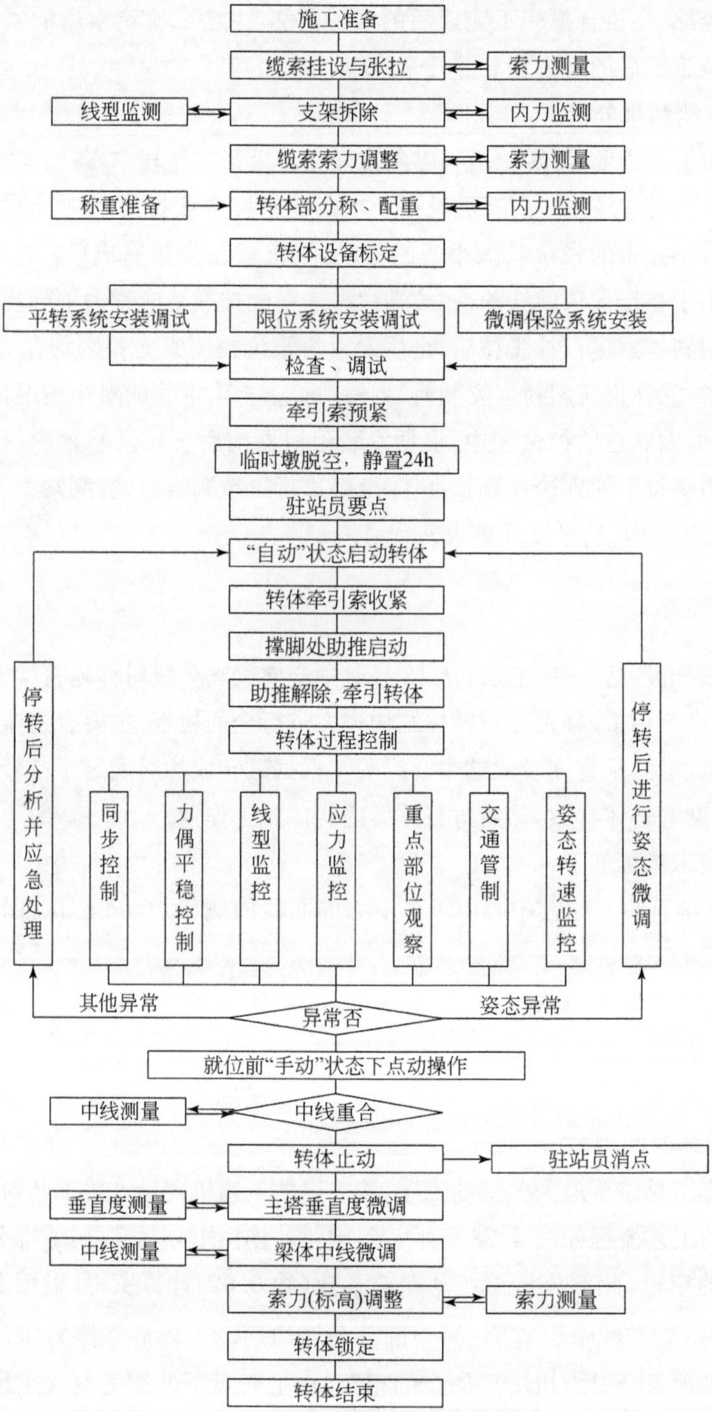

图 4.22　斜拉桥转体施工工艺流程

转体施工时，先对牵引钢束施加拉力收紧，然后对钢管撑脚按100kN逐级加载直至结构开始启动为止，启动后对钢管混凝土撑脚的顶推力自动失效，全部靠钢束牵引结构转动。转动应连续，全程跟踪观测线型与应力，控制最大线速度，并精确合拢、制动、微调定位。

1. 称重反力架安装

在转体段箱梁的两端腹板下设置称重反力架，采用扩大基础，支架采用299mm钢管混凝土排架，顶面设称重分配梁与称重千斤顶(1000kN)及传感器。称重支架每端各设2个，每道纵腹板下各1个。

2. 支架拆除与体系转换

(1) 将主塔挂索支架拆除，并对梁面荷载进行清理，以减轻转体重量。

(2) 拆除12＃主墩上转盘与承台之间的沙箱。

(3) 由12＃主墩根部向梁体端头方向逐节段拆除全部箱梁底面支架。将斜拉桥转体段箱梁由排架支撑转换到由球铰支撑的自平衡体系。

3. 自平衡体称重

1) 转体结构称重试验的原理

转体结构的称重试验包括测试转体结构的不平衡力矩、偏心距、摩阻力矩及静摩擦系数，并将结果和理论计算值相比较。目的是为进一步确定在转体过程中是否需要配重，以保证转体施工的顺利进行和精确到位。

随着转动体部分施工支架的拆除和称重墩顶千斤顶的卸载，转动体的不平衡力矩和球铰的摩阻力矩将逐渐发挥作用，参与转动体的平衡体系。施工支架拆除后，转动体的平衡体系将出现下列两种情况中的一种：①转动体球铰摩阻力矩小于转动体不平衡力矩；②转动体球铰摩阻力矩大于转动体不平衡力矩。

2) 顺桥向称重试验方法及可测量最大偏心距的计算

(1) 摩阻力矩的理论计算。

球铰摩阻力矩按式(4.3)进行计算

$$M_Z=\mu_0 0.98NR \tag{4.3}$$

其中，M_Z 为转动体球铰摩阻力矩，kN·m；μ_0 为球铰摩擦系数，取0.02；N 为转体结构自重，按设计取16500t，即165000kN；R 为球铰球面半径，按设计取8m。

计算得到

$$M_Z=\mu_0 0.98NR=0.02\times0.98\times165000\times8=25872\text{kN}\cdot\text{m}$$

(2) 布置偏心测点。

根据设计资料，在斜拉桥转动体主跨东、西侧梁端曲线内、外侧中腹板处各设置 2 个称重墩。墩顶处布置 2 台 250t 手动式千斤顶，用以在称重试验时对转动体进行顶放；在每台千斤顶上设置压力传感器，称重试验过程中测试称重支点支反力值，压力传感器的量程应与其对应千斤顶的最大顶升力相匹配；在球铰上转盘四周纵、横桥向布置 4 个百分表，用以判断转动体在称重试验过程中是否发生转动，测点布置如图 4.23 所示。

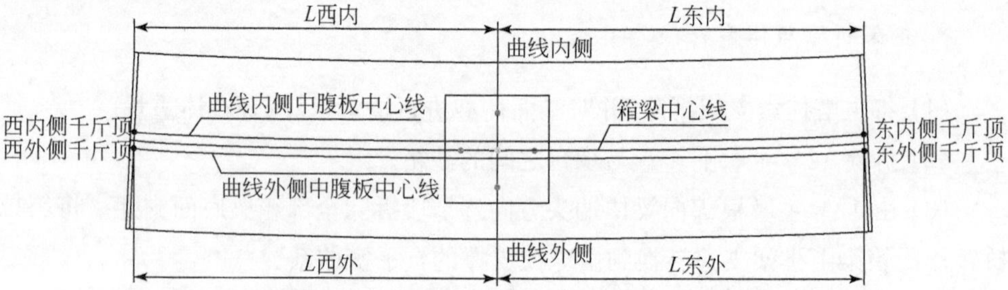

图 4.23　顺桥向偏心承重千斤顶、压力传感器及百分表测点布置

• 千斤顶及压力传感器测点；• 百分表测点；• 球铰中心点

计算得到千斤顶距转动轴线距离：

$$L_{东内}=70.18\text{m};L_{东外}=70.35\text{m};L_{西内}=70.18\text{m};L_{西外}=70.35\text{m}$$

(3) 最大偏心距的计算。

称重墩所能提供的最大转动弯矩为

$$\begin{aligned}M_{转}&=P_{东外}L_{东外}+P_{东内}L_{东内}\\&=P_{西外}L_{西外}+P_{西内}L_{西内}\\&=2500\times70.35+2500\times70.18\\&=351325\text{kN}\cdot\text{m}\end{aligned}$$

$$M_Z=25872\text{kN}\cdot\text{m}$$

$$M_G=M_{转}-M_Z=325453\text{kN}\cdot\text{m}$$

可以测量的最大偏心为

$$e_{max}=\frac{M_G}{N}=\frac{325453}{165000}\approx1.972\text{m}$$

(4)转动体不平衡力矩及偏心测试方法。

以下为偏心称重试验转动体不平衡力矩的计算方法。

工况1:转动体球铰摩阻力矩小于转动体不平衡力矩(图4.24)。

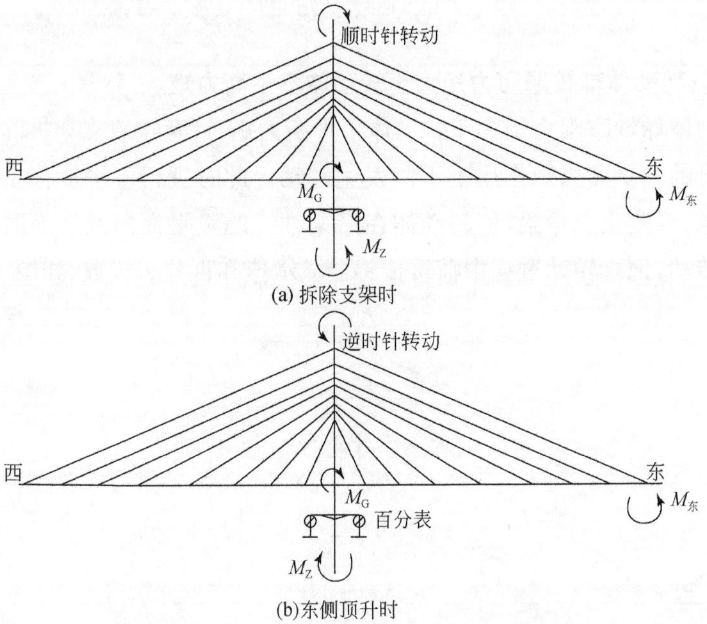

图4.24　转动体球铰摩阻力矩小于转动体不平衡力矩时称重实验示意图

假设转动体重心偏向东侧:

东侧落顶时,有

$$M_{东}+M_{Z}=M_{G} \tag{4.4}$$

其中,$M_{东}=P_{东外}L_{东外}+P_{东内}L_{东内}$。

东侧升顶时,有

$$M'_{东}=M_{G}+M_{Z} \tag{4.5}$$

其中,$M'_{东}=P_{东外}L_{东外}+P_{东内}L_{东内}$。

则

$$M_{G}=\frac{M'_{东}+M_{东}}{2},\quad M_{Z}=\frac{M'_{东}-M_{东}}{2} \tag{4.6}$$

式中,M_G为转动体不平衡力矩,kN·m;M_Z为转动体球铰摩阻力矩,kN·m;$M_东$为拆除支架时东侧称重墩提供的力矩,kN·m;$M'_东$为进行顶升时东侧称重墩提供的力矩,kN·m;$P_{东外}$、$P_{东内}$分别为梁体东侧落顶、升顶时曲线内外侧支点支反力读数,kN;$L_{东外}$、$L_{东内}$、$L_{西外}$、$L_{西内}$分别为梁体东、西侧曲线内、外侧支点距转动轴线中心距离，m。

根据称重试验得到转动体不平衡力矩 M_G，按式(4.7)计算转动体的偏心：

$$e_{实际}=\frac{M_G}{N} \tag{4.7}$$

工况 2：转动体球铰摩阻力矩大于转动体不平衡力矩。

当转动体球铰摩阻力矩大于转动体不平衡力矩时，意味着支架拆除后，转动体部分在自身的不平衡力矩作用下不能发生转动。此时进行不平衡称重试验，分别从转动体东、西侧支点顶梁，使转动体在沿梁轴线的竖平面内发生逆时针、顺时针方向微小转动，记录转动过程中荷重传感器显示值和百分表读数，如图 4.25 所示。

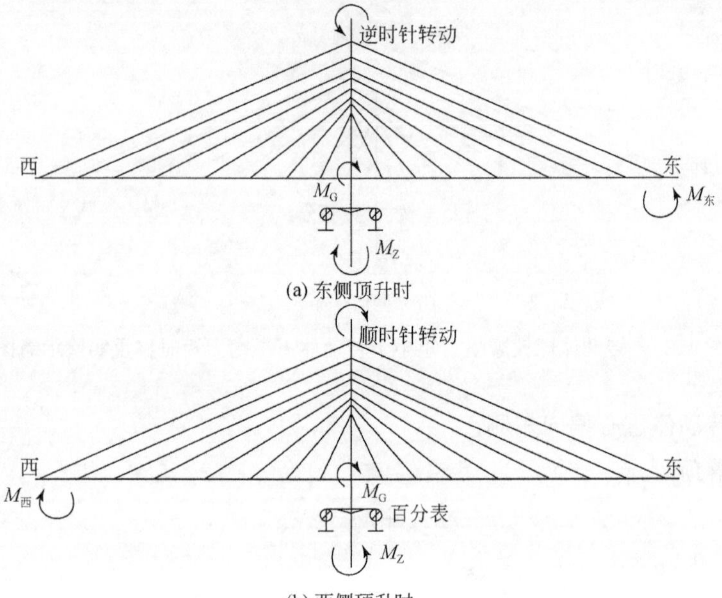

图 4.25 转动体球铰摩阻力矩大于转动体不平衡力矩时称重试验示意图

假设转动体重心偏向东侧：

从东侧顶梁时，有

$$M_东=M_G+M_Z \tag{4.8}$$

其中，$M_东=P_{东外}L_{东外}+P_{东内}L_{东内}$。

从西侧顶梁时，有

$$M_西+M_G=M_Z \tag{4.9}$$

其中，$M_西=P_{西外}L_{西外}+P_{西内}L_{西内}$。

则

$$M_G=\frac{M_{东}-M_{西}}{2},\quad M_Z=\frac{M_{东}+M_{西}}{2} \tag{4.10}$$

式中，M_G 为转动体不平衡力矩，kN · m；M_Z 为转动体球铰摩阻力矩，kN · m；$M_{东}$、$M_{西}$ 为东、西侧进行顶升时称重墩提供的力矩，kN · m；$P_{东外}$、$P_{东内}$ 为梁体东侧落顶、升顶时曲线内外侧支点支反力读数，kN；$P_{西外}$、$P_{西内}$ 为梁体东侧落顶、升顶时曲线内外侧支点支反力读数，kN；$L_{东外}$、$L_{东内}$、$L_{西外}$、$L_{西内}$ 为梁体东、西侧曲线内外侧支点距转动轴线中心距离，m。

根据称重试验得到转动体不平衡力矩 M_G，按式(4.7)计算转动体的偏心。

3）横桥向称重试验方法及可测量最大偏心距的计算

(1) 偏心测点布置。

根据设计资料，在斜拉桥转动体曲线内、外侧下滑道处各布置 4 台 250t 手动式千斤顶，用以在称重试验时对转动体进行顶升，在每台千斤顶上设置压力传感器，称重试验过程中测试称重支点支反力值，压力传感器的量程应与其对应千斤顶的最大顶升力相匹配。在球铰上转盘四周纵、横桥向布置 4 个百分表，用以判断转动体在称重试验过程中是否发生转动，测点布置如图 4.26 所示。

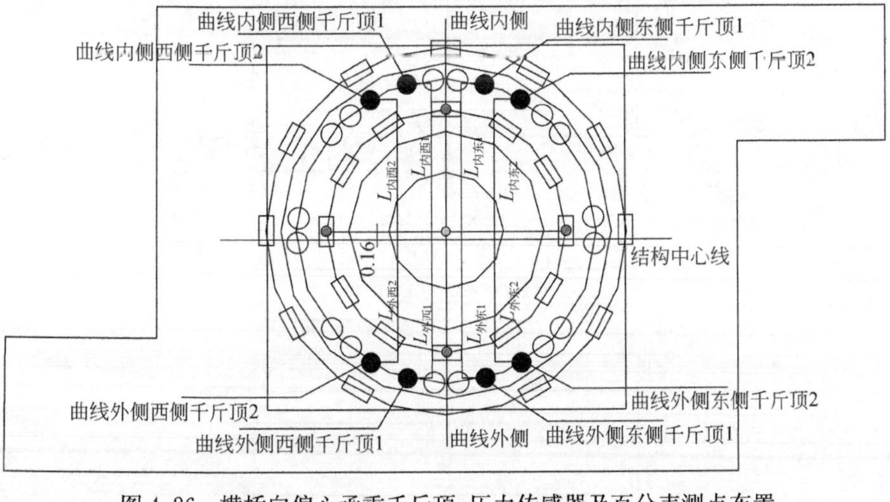

图 4.26　横桥向偏心承重千斤顶、压力传感器及百分表测点布置

● 千斤顶及压力传感器测点；● 百分表测点；○ 球铰中心点

计算得到千斤顶距转动轴线距离：

$L_{内东1}=4.82$m；$L_{内东2}=4.33$m；$L_{内西1}=4.82$m；$L_{内西2}=4.33$m；$L_{外东1}=4.82$m；$L_{外东2}=4.33$m；$L_{外西1}=4.82$m；$L_{外西2}=4.33$m。

(2) 称重试验可测量最大偏心距的计算。

千斤顶所能提供的最大转动弯矩为

$$M_{转}=P_{内东1}L_{内东1}+P_{内东2}L_{内东2}+P_{内西1}L_{内西1}+P_{内西2}L_{内西2}$$
$$=P_{外东1}L_{外东1}+P_{外东2}L_{外东2}+P_{外西1}L_{外西1}+P_{外西2}L_{外西2}$$
$$=2500\times4.82+2500\times4.33+2500\times4.82+2500\times4.33$$
$$=45750\text{kN}\cdot\text{m}$$

$$M_Z=25872\text{kN}\cdot\text{m}$$

$$M_G=M_{转}-M_Z=19878\text{kN}\cdot\text{m}$$

可以测量的最大偏心为

$$e_{\max}=\frac{M_G}{N}=\frac{19878}{165000}=0.120\text{m}$$

(3) 转动体不平衡力矩及偏心测试方法。

以下为横向偏心称重试验转动体不平衡力矩的计算方法。

工况 3:转动体球铰摩阻力矩小于转动体不平衡力矩(图 4.27)。

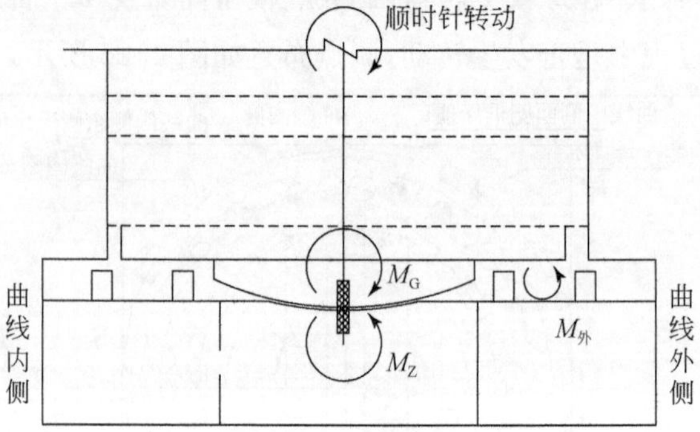

(a) 拆除支架时

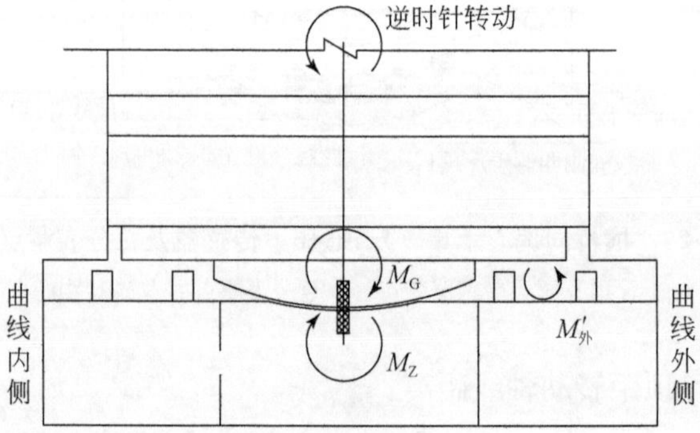

(b)外侧顶升时

图 4.27 转动体球铰摩阻力矩小于转动体不平衡力矩时称重试验示意图

假设转动体重心偏向曲线外侧:

外侧落顶时,有

$$M_{外}+M_Z=M_G \tag{4.11}$$

其中,$M_{外}=P_{外东1}L_{外东1}+P_{外东2}L_{外东2}+P_{外西1}L_{外西1}+P_{外西2}L_{外西2}$。

外侧升顶时,有

$$M'_{外}=M_G+M_Z \tag{4.12}$$

其中,$M'_{外}=P_{外东1}L_{外东1}+P_{外东2}L_{外东2}+P_{外西1}L_{外西1}+P_{外西2}L_{外西2}$。

则

$$M_G=\frac{M'_{外}+M_{外}}{2},\quad M_Z=\frac{M'_{外}-M_{外}}{2} \tag{4.13}$$

式中,M_G 为转动体不平衡力矩,kN · m;M_Z 为转动体球铰摩阻力矩,kN · m;$M_{外}$ 为拆除支架时外侧千斤顶提供的力矩,kN · m;$M'_{外}$ 为进行顶升时外侧千斤顶提供的力矩,kN · m;$P_{外东1}$、$P_{外东2}$、$P_{外西1}$、$P_{外西2}$ 为梁体外侧落顶、升顶时曲线外侧支点支反力读数,kN;$L_{外东1}$、$L_{外东2}$、$L_{外西1}$、$L_{外西2}$ 为梁体外侧支点距转动轴线中心距离,m。

根据称重试验得到转动体不平衡力矩 M_G,按式(4.7)计算转动体的偏心。

工况 4:转动体球铰摩阻力矩大于转动体不平衡力矩。

当转动体球铰摩阻力矩大于转动体不平衡力矩时,意味着支架拆除后,转动体部分在自身的不平衡力矩作用下不能发生转动。此时进行不平衡称重实验,分别从曲线内外侧支点顶梁,使转动体在沿梁轴线的竖平面内发生逆时针、顺时针方向微小转动,如图 4.28 所示,记录转动过程中荷重传感器示值和百分表读数。

假设转动体重心偏向外侧:

从外侧顶梁时,有

$$M_{外}=M_G+M_Z \tag{4.14}$$

其中,$M_{外}=P_{外东1}L_{外东1}+P_{外东2}L_{外东2}+P_{外西1}L_{外西1}+P_{外西2}L_{外西2}$。

从内侧顶梁时,有

$$M_{内}+M_G=M_Z \tag{4.15}$$

其中,$M_{内}=P_{内东1}L_{内东1}+P_{内东2}L_{内东2}+P_{内西1}L_{内西1}+P_{内西2}L_{内西2}$。

则

$$M_G=\frac{M_{外}-M_{内}}{2},\quad M_Z=\frac{M_{外}+M_{内}}{2} \tag{4.16}$$

式中,M_G 为转动体不平衡力矩,kN · m;M_Z 为转动体球铰摩阻力矩,kN · m;$M_{内}$、$M_{外}$ 为曲线内外侧进行顶升时千斤顶提供的力矩,kN · m;$P_{外东1}$、$P_{外东2}$、$P_{外西1}$、

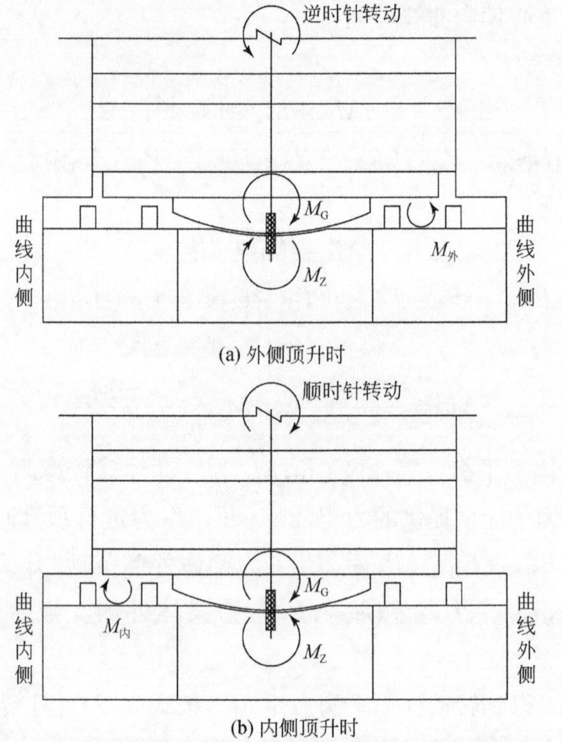

图 4.28 转动体球铰摩阻力矩大于转动体不平衡力矩时称重试验示意图

$P_{外西2}$为梁体外侧升顶时曲线外侧支点支反力读数，kN；$L_{外东1}$、$L_{外东2}$、$L_{外西1}$、$L_{外西2}$为梁体外侧支点距转动轴线中心距离，m；$P_{内东1}$、$P_{内东2}$、$P_{内西1}$、$P_{内西2}$为梁体内侧升顶时曲线内侧支点支反力读数，kN；$L_{内东1}$、$L_{内东2}$、$L_{内西1}$、$L_{内西2}$为梁体内侧支点距转动轴线中心距离，m。

根据称重试验得到转动体不平衡力矩 M_G，按式(4.7)计算转动体的偏心。

4）转动体球铰静摩擦系数的分析计算

称重试验时，转动体球铰在沿梁轴线的竖平面内发生逆时针、顺时针方向微小转动，即微小角度的竖转。摩阻力矩为摩擦面每个微面积上的摩擦力对球铰中心竖转法线的力矩之和，如图 4.29 所示。

$$dM_Z = R\cos\theta dF$$

其中，$dF=\mu_0\sigma dA$；$dA=2\pi r ds$；$r=R\sin\theta$；$ds=Rd\theta$；$\sigma=\sigma_{竖}\cos\theta$；$\sigma_{竖}=\dfrac{N}{\pi R^2\sin^2\alpha}$。

则

$$dM_Z = 2\pi R^3\mu_0\sigma_{竖}\sin\theta\cos^2\theta d\theta$$

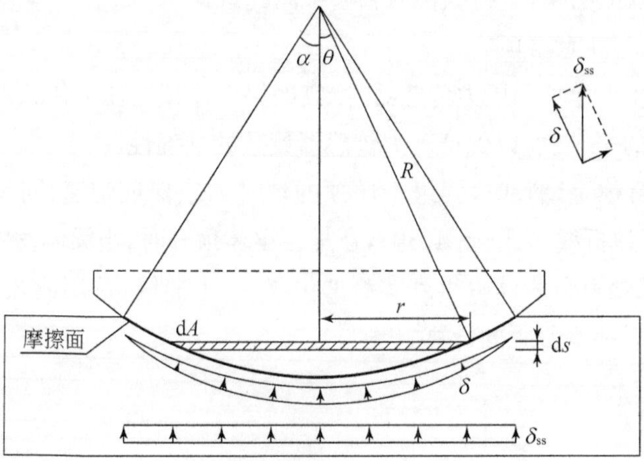

图 4.29　转动体球铰静摩擦系数计算示意图

$$M_Z=\int_0^{\alpha}\mathrm{d}M_Z=\frac{2(1-\cos^3\alpha)}{3\sin^2\alpha}\mu_0 NR \tag{4.17}$$

将球铰参数代入，得

$$\mu_0=\frac{M_Z}{0.98NR}=\frac{M_Z}{1270080}$$

5）称重试验步骤

（1）拆除 0＃块、称重墩处的施工支架。

（2）安装百分表、称重墩及其上布置的手动千斤顶和荷重传感器。

（3）拆除剩余的称重支架，卸载称重墩上千斤顶，使主桥处于悬臂状态。

（4）观察并记录顺桥向百分表读数，如果顺桥向百分表读数未发生变化，说明转动体球铰摩阻力矩大于转动体顺桥向不平衡力矩，分别从主桥东、西侧称重墩进行顶梁，根据荷重传感器的读数计算 $M_{东}$、$M_{西}$ 并进行比较，以确定偏心方向，按图 4.25 所示的方法进行计算。如果顺桥向百分表读数发生变化，说明转动体球铰摩阻力矩小于顺桥向转动体不平衡力矩，则按图 4.24 所示的方法进行计算顺桥向偏心距。

观察并记录横桥向百分表读数，如果横桥向百分表读数未发生变化，说明转动体球铰摩阻力矩大于转动体横桥向不平衡力矩，分别从主桥曲线内、外侧进行顶梁，根据荷重传感器的读数计算 $M_{外}$、$M_{内}$ 并进行比较以确定偏心方向，按图 4.28 所示的方法进行计算。如果横桥向百分表读数发生变化，说明转动体球铰摩阻力矩小于顺桥向转动体不平衡力矩，则按图 4.27 所示方法进行计算横桥向偏心距。

(5) 根据以上结果，进行纵桥向和横桥向配重。

6) 称重试验注意事项

(1) 在安装千斤顶和压力传感器时，应确保千斤顶与压力传感器、压力传感器与桥体接触面的平整度，以保证压力传感器读数的准确性。

(2) 在进行称重试验时，同组千斤顶的顶升力应保证匀速、同步加载；球铰位移-顶力曲线应为折线形式(图 4.30)，在进行梁体顶升时，当梁体发生转动后，继续加载，根据球铰处百分表读数得到实测的位移-顶力曲线，选用曲线拐点处的顶升力进行偏心力矩和偏心距的计算。

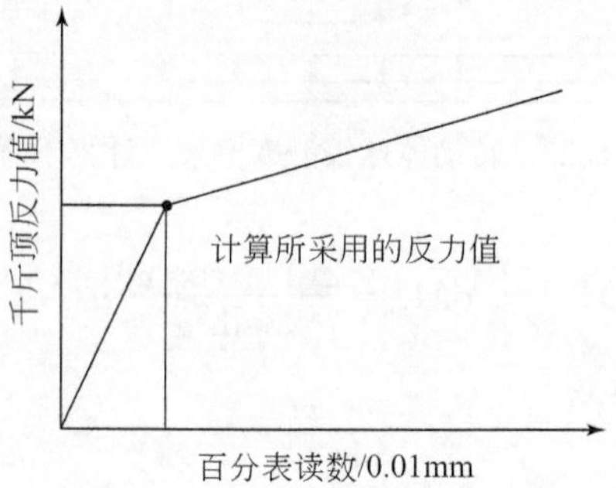

图 4.30　位移-顶力曲线示意图

4. 平转牵引系统安装

(1) 对千斤顶反力座上的张拉槽、上转盘四周及预埋钢绞线进行清理，清除表面浮锈及其他杂质。

(2) 钢绞线理顺后，将其绕上转盘约 3/4 周，并使自由端引入千斤顶反力座预留槽口内。

(3) 在千斤顶反力座后混凝土面的受力部位抄垫厚钢板或分配梁，并将钢绞线从其中央穿出。在千斤顶反力座后加拼平台，便于千斤顶的固定与张拉人员操作。

(4) 在钢绞线上依次套入锚环、夹片、限位板与 QCDL2000 型连续张拉千斤顶。

(5) 安装油管、配电柜。

(6) 对平转千斤顶、牵引索、锚具、泵站配套安装完成并进行调试。要求各束钢绞线平直、不打绞、扭结。

5. 助推系统安装

助推系统主要用于克服转体施工中静摩擦力与动摩擦力之间的差值而使整个转体部分启动。助推系统安装于环形滑道上转盘钢管撑脚与助推千斤顶反力座之间，具体安装步骤如下：

(1) 安装助推系统之前，应将环形滑道清理干净，检查滑道与撑脚间隙，撑脚走道板前端涂抹比例为 1∶1 的黄油四氟粉。

(2) 在滑道四周内、外助推千斤顶反力座上对称安装 2 套助推分配梁与 YDCW1500 型千斤顶。

(3) 安装配电柜、油管路，并对其进行调试。

(4) 为确保有足够的动力储备，要求除此之外再提供两套助推千斤顶备用。

6. 微调装置

为了保证转体过程中对可能出现的偏移进行及时调整，应在转体施工前安装微调及控制装置，具体如下：

(1) 纵向微调装置。在上转盘与承台间，12＃主塔墩中心线前后两端设 YDC4500 型千斤顶 2 台，即沿桥轴线下，墩身前后各对称设置一台。当转体发生前后俯仰时，采用将标高降低一端千斤顶顶起的方法对转体进行微调，调整后在滑道与撑脚之间加设抄垫保持调整后的姿态。

(2) 横向微调装置。在上转盘与承台之间，12＃主塔墩中心线左右两侧设 YDC4500 型千斤顶 2 台，即墩中心线下的桥轴线左右各设一台。当转体发生左右倾斜时，顶起标高下降一侧的千斤顶，将转体微调扶正，并在撑脚下加设抄垫保持调整后的姿态。

7. 限位装置

在滑道上预设转体到位后的限位分配梁，转体旋转到位后，在限位分配梁与撑脚间加以抄垫，防止转体到位后转体部分继续前移。为确保限位可靠，采用如下辅助措施：

(1) 在牵引束上做好标记，以使牵引千斤顶操作人员可以直观地了解转体到位时的千斤顶牵引行程，避免转体到位后仍继续过量牵引。

(2) 在转盘上作测量标记并进行测量观测，及时报告转动角度及转体体位。

(3) 在11＃与13＃墩均安排测量人员对梁体中线进行测量，做好转体到位前的数据测量报告，调整转体到位前的转动速度。

8. 测量及监控标志

(1) 在梁体及主塔上做好测量及线形监控所需的监测点。

(2) 在箱梁上做好梁体中轴线标记，及梁体各控制断面和端截面的实时测量点、坐标点标记。

(3) 在滑道上做好线速度控制标记，其平转角速度不得大于0.02rad/min，主梁梁端的水平线速度不得大于1.2m/min。上转盘外缘贴上坐标米格纸带，以便转体过程中控制其转体速度。

(4) 对其他所需的观测点提前做好标记，并要预见转体施工动态变化过程中测点的可视性。

9. 转体施工

(1) 转体前拆除称重支架与梁底前的支撑，并静置24h后，将各种测量数据上报监控组，确认其是否处于平衡状态。

(2) 将转体范围内所有杂物清理干净，并将箱梁内外全部清理一遍，确保无杂物，无多余荷载。再次检查各关键部位，包括塔梁固结点、上转盘、主塔锚固区、球铰等部位。

(3) 转体前，进行现场技术交底，下发记录表格，对各观测点人员进行分工，对控制信号、通信联络等方面进行全面地明确。特别是转体应由一人总指挥，并由专人打信号，统一调度。

(4) 监测人员与仪器就位。

(5) 对各交通道口实施封闭，通知铁路部门，正式转体。

(6) 收紧平转牵引索，并在索力达到牵引力时持荷不动。

(7) 开启助推千斤顶，在转盘中心对称位置按100kN分级加载助推力，直到结构开始启动。

(8) 牵扯引索同时跟进，连续张拉牵引，使整个转体结构匀速平转，并将主梁端部水平线速度控制在1.2m/min以内，平转角速度不得大于0.02rad/min，上转盘外缘线速度约120mm/min。

(9) 匀速平转时，监测人员实时监测，测量人员反复观测主塔轴线偏位和梁端部位高程变化。并将结果汇总报设计单位,设计单位现场检算并指导转体实施。

(10) 当匀速平转至梁体边缘接近边墩时,应观测梁底标高与墩顶间支撑结构的高差情况,必要时对梁端标高进行调整。

(11) 当转体部分梁端中心线与边墩现浇段中轴线端头相距设计位置 1m 时,降低牵引索千斤顶的供油量,对整个平转体减速。

(12) 当转体部分梁端中心线与边墩现浇段中轴线端头相距设计位置约 0.5m 时,点动给油,减小牵引索供油量并降低牵引力,在距设计位置 0.1m 处停转。

(13) 测量梁体轴线、高程,并计算差值。

(14) 采用微调系统千斤顶对梁体标高进行微调。

(15) 检查限位系统,点动牵引索连续张拉千斤顶,至转体部分梁体与边墩现浇段梁体中轴线重合。至此转体基本就位。

4.2.6　合拢段施工工艺

合拢段设计采用型钢对合拢口进行锁定,再采用满堂支架进行合拢段混凝土施工。合拢口锁定的方法如下:

(1) 在转体段梁体端部设竖向型钢支撑,对箱梁端头的腹板进行支撑,将合拢口梁端在上下方向进行锁定。

(2) 在竖向钢支撑间设剪力撑,对梁端横在桥向进行锁定。

(3) 在合拢口设梁体平面钢支撑,对合拢口梁端在纵向进行锁定,防止在温度变化时梁体纵向伸缩对合拢口混凝土的影响,并进行一昼夜观察,确保梁体纵向收缩对合拢口混凝土浇筑无影响。

合拢段混凝土施工采用碗扣式钢管支架支撑,在其上安装模板,并在合拢口锁定后浇筑混凝土。在养生达到设计强度后,张拉纵向预应力、横向和竖向预应力。

4.3　技术难点和创新点

本桥建设采用先进的单球铰自平衡的转体法施工,投入设备少、操作简便,且最大限度地减少与铁路既有线的立体交叉作业,有效地保证了桥梁施工和铁路运输的安全。作为跨越铁路既有线的曲线斜拉桥,其独特的结构形式与施工方法决定了施工工艺复杂、技术含量高。该桥技术难点如下:

(1) 转体的关键部位、转体钢球铰的制作质量与安装精度的控制。

(2) 球铰位于承台与转盘大体积混凝土内，施工中如何控制温度裂纹，保证球铰接触部位混凝土的施工质量。

(3) 墩、塔、梁固结部位的转体段箱梁浇筑施工，支架的不均匀沉降控制。

(4) 主梁预应力种类多、密度大，既使用了 19-7ϕ5 最长达 126.257m 的大预应力束，又使用了 7-7ϕ5 长 3.2m 的短预应力束，施工难度大。

(5) 主桥跨越石太铁路既有的 6 股道及规划预留的 2 股道线路，安全防护难度大。

该桥是石家庄环城公路的控制性工程之一，结构独特，技术复杂。根据其所处特殊地理位置，施工方法比较特殊，本次工程实践具有以下特点：

(1) 采用转体法施工，单球铰转体结构转体重量达 16500t，转体角度 75.74°，单球铰转体重量及转体角度居国内之首；实现了 16500t 级的大吨位钢质球铰在斜拉桥转体施工中的成功应用，安装精度控制方面取得了相当的经验，为转体施工提供了可靠保障。

(2) 通过精细的测量控制和施工精度控制，经过称重试验和试转检验，使大吨位斜拉桥的转体施工实现了平稳完美、连续不间断的成功就位，两端的中线偏差最大仅 20mm，高程偏差最大仅 8mm。

(3) 该桥平曲线半径为 1250m，竖曲线半径为 6000m，桥面横坡为 3%。转体结构箱梁长达 142m，塔高 38.6m，其规模位居国内同类桥梁前列；施工过程中，箱梁受力需经过多次体系转换，预应力束布置特殊，施工难度较大。

(4) 对比其他的施工方法转体施工法具有以下优点：一是减少了对铁路运输的干扰，占用铁路线路封锁时间减少到几十分钟的最低限，减少要点施工次数达到 16 次，节约铁路行车时间占用费达近千万元；二是对安全有利，最大限度地减少与铁路既有线的立体交叉作业，使桥梁施工和铁路运输的安全得到有效保证。

参考文献

[1] 万晓明. 独塔单索面曲线斜拉桥力学性能研究[D]. 大连：大连理工大学，2009.

[2] 中华人民共和国交通部，中交公路规划设计院. JTG D60—2004 公路桥涵设计通用规范[S]. 北京：人民交通出版社，2004.

[3] 中华人民共和国交通部，中交公路规划设计院. JTJ D62—2004 公路钢筋混凝土及预应力混凝土桥涵设计规范[S]. 北京：人民交通出版社，2004.

[4] 中华人民共和国交通部，中交第一公路工程局有限公司. JTG/T F50—2011 公路桥涵施工技术规范[S]. 北京：人民交通出版社，2011.

第5章　大跨预应力混凝土铁路连续梁桥平转体施工技术

5.1　概　　述

5.1.1　工程背景及特点

近年来，我国高速铁路和客运专线发展迅速，也推动了铁路桥梁建设的快速进展。据2008年统计，我国在建和即将开工建设的客运专线和高速铁路中，桥梁比例超过50%。例如，广珠城际铁路桥梁达到90%以上，京沪高速铁路桥梁比例为80%，京津城际铁路桥梁比例达到88%等。可见，作为现代铁路建设中重要的一部分，桥梁的作用日益凸显，而且，由于我国自身地理环境的复杂性和多变性，以及高速铁路与客运专线对运行速度、平稳性、舒适性和安全性的高标准要求，对铁路桥梁的建设也提出越来越严格的要求。

新建郑徐客运专线，又名郑州至徐州高速铁路，是《国家中长期铁路网规划》中"四纵四横"之一的徐兰客运专线的重要组成部分。该线西起郑州东站，东至徐州东站，线路全长361.937km，其中，河南省占252.826km，安徽省占73.436km，江苏省占35.675km。线路共设郑州东站、开封北站、兰考南站、民权北站、商丘站、砀山南站、永城北站、萧县北站、徐州东站9个车站，其中，郑州东站、商丘站和徐州东站为既有车站，其余6站为新建车站。郑徐高铁项目2012年12月26日正式开工，预计2016年下半年建成通车。

郑徐客运专线线路全程70%以上为高架桥，沿线跨越G107、连霍高速公路、京珠高速公路、大广高速、S213、日南高速、G310、陇海铁路、符夹铁路、京福高速公路等线路，本工点为跨越陇海铁路线（双线）、夹孟线疏解线、夹河寨牵出线等多线，与陇海铁路线交角128°的特大连续梁桥，现状宽度53.13m（四线），采用48m＋80m＋48m连续箱梁跨越，全长177.5m，位于半径为9000m的曲线上，纵向坡度2.0‰，转体桥的平面布置如图5.1所示。该桥设计为48m＋80m＋48m连续梁、满堂支架现浇后转体施工方案，转体总重量 $W=55000$kN，转体段长度 78m，50＃墩转角为 54°15′53″，51＃墩转角为 50°6′49″。梁体设计为支架现浇法施工，箱梁共分 A0＃梁段，A1＃～A4＃梁段 5 个浇注节段，其中包括：1 个中跨合拢段，2 个边跨现浇段，2 个边跨合拢段。

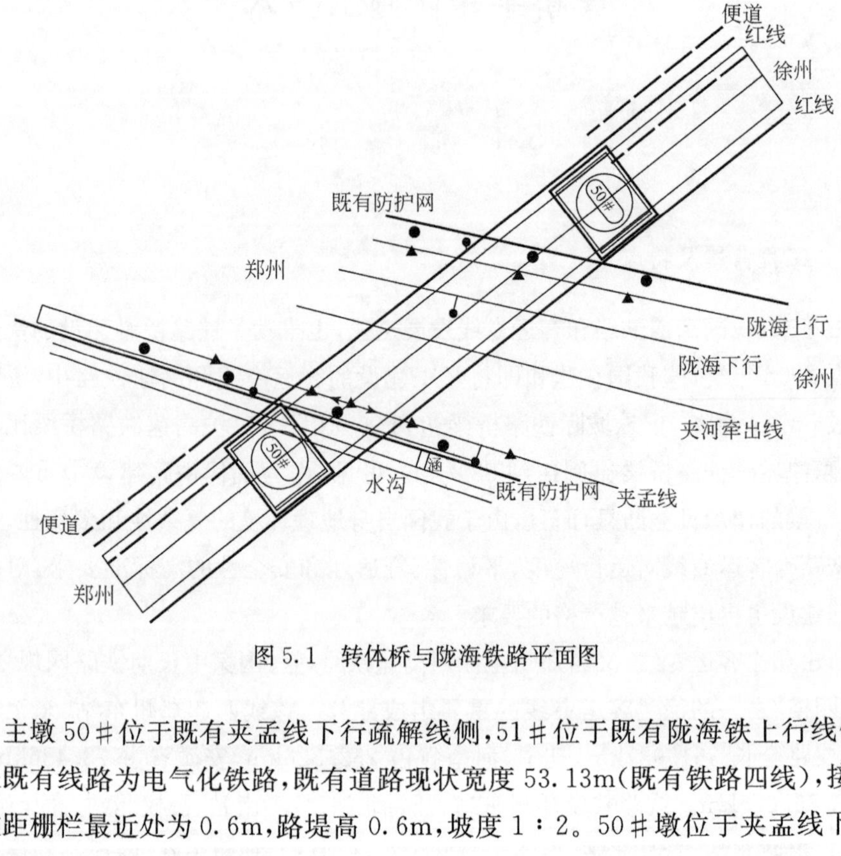

图 5.1 转体桥与陇海铁路平面图

主墩 50＃位于既有夹孟线下行疏解线侧，51＃位于既有陇海铁上行线侧，桥位处既有线路为电气化铁路，既有道路现状宽度 53.13m（既有铁路四线），接触网立柱距栅栏最近处为 0.6m，路堤高 0.6m，坡度 1∶2。50＃墩位于夹孟线下行疏解线北侧，承台距防护栅栏 2.32m。51＃墩在陇海铁路南侧，承台距防护栅栏 3.32m。两主墩转体时安全风险大，是安全控制的重点，如图 5.2 所示。

5.1.2 地形地貌及水文地质条件

本工程段属于黄淮冲积平原，地形平坦，地势开阔，由西北向东南微倾，坡降为 1/6000～1/2000，地面绝对标高普遍为 40～100m（徐州约为 35m）。本段线路在徐州段，属于温带季风气候区。年平均温度为 13.9℃，一般最冷为 1 月，平均气温为 −0.3℃；最高为 7、8 月份，平均气温 27.8℃。

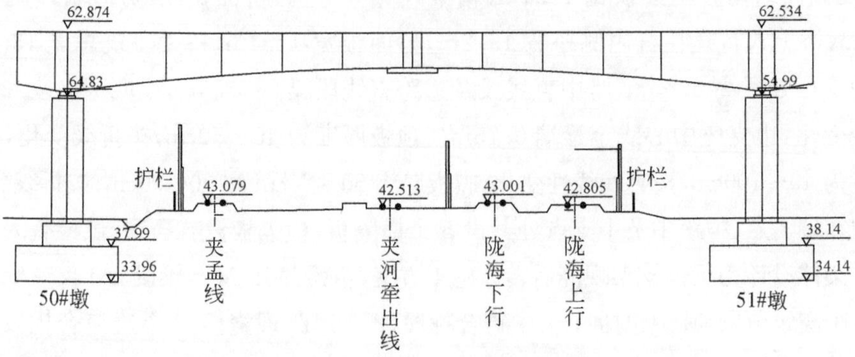

图 5.2　跨越既有铁路线的桥跨

本线大部分地段第四系地层分布范围广、厚度巨大,其中,表层为第四系全新统冲击层(Q),主要为褐黄色、灰褐色、浅黄色粉土、粉质黏土。由于覆盖层巨厚,本区钻探均未见下伏基岩层。徐州、萧县地区出露的剥蚀丘陵,表层为第四系全新统残坡积(Q)棕黄～棕红色粉质黏土、黏土。

本线范围下伏基岩从第三系～前震旦系地层均有分部,其中,奥陶系、寒武系、前震旦系地层在徐州、萧县附近丘陵有出露,其他基岩均为厚层第四系地层覆盖;二叠系、石岩系地层分布有 1～21 层煤,其中,上石炭统太原组(C_3)、下二迭统山西组(P_{11})、下二迭统下石盒子组(P_{12})煤层煤质较好,煤层厚度为 0.25～5.35m,是大型煤矿的主要开采层。其他震旦系、寒武系、奥陶系、侏罗系、下第三系地层中均为不含煤地层。

本区属于巨型纬向构造体系,秦岭—昆仑构造带东段北支的东延部分和新华夏系第二沉降带(或隆起带)及豫中北西向构造带的复合部位。各构造体系都有着长期的活动历史,但新华夏系是中新生代以来活动强烈,并最终形成的构造体系,它控制了中国东部中新生代以来的主要构造格局。本区由于构造特点所定,区内沉积了巨厚的松散堆积物,因此构造均呈隐伏状态,除徐州附近对灰岩的岩溶发育有明显的影响外,其他构造带对线路走向无影响。

冲积平原地下水主要为第四系地层内的空隙潜水及空隙承压水。地表水以降水为主,地表沟渠大多为人工渠化,部分地区地下、地表水可作为施工用水。

5.1.3　工程结构设计

该跨陇海铁路正线等多线的预应力混凝土连续梁桥,梁体为单箱单室、变高度、变截面结构。箱梁顶宽 13.4m，箱梁底宽 6.7m。桥面宽度：防撞墙内侧净宽 9.4m，桥上人行道栏杆内侧净宽 13.2m，桥面板宽 13.4m，桥梁建筑总宽 13.8m。梁中支点处梁高 6.65m，跨中直线段及边跨直线段梁高 3.85m，梁底下缘按二次抛物线变化，边支座中心线至梁端 0.75m。顶板厚度为 40～50cm，按折线变化，底板厚度为 40～100cm，按直线线性变化，腹板厚为 50～70cm 和 70～90cm，按折线变化。全联在端支点、中跨中及中支点处共设 5 个横隔板，横隔板设有孔洞，供检查人员通过。梁体设计为梁体支架现浇后转体施工方案，箱梁共分 A0＃梁段、A1＃～A4＃梁段 5 个浇筑节段，其中包括：1 个中跨合拢段，2 个边跨现浇段，2 个边跨合拢段。主梁结构如图 5.3 和图 5.4 所示。

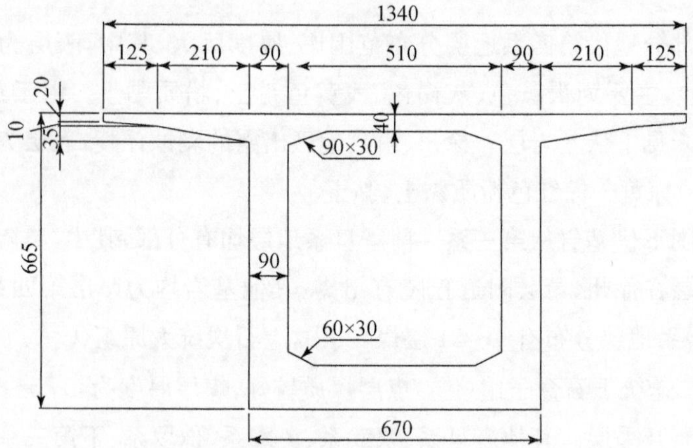

图 5.3　中支点截面示意图(单位：mm)

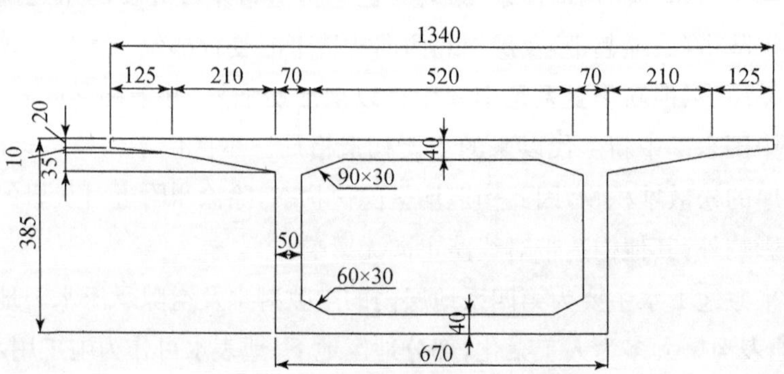

图 5.4　跨中截面、边跨直段截面示意图(单位：mm)

5.1.4　工程技术标准

(1) 铁路等级:Ⅰ级,无砟轨道。

(2) 设计速度:350km/h。

(3) 正线线间距:5.0m。

(4) 牵引种类:电力牵引。

(5) 列车运行控制方式:自动控制。

(6) 行车指挥方式:综合调度集中。

(7) 最小曲线半径:9000m。

另外,本工程建设中依据的主要规范或标准见文献[1]～[4]。

5.2　平转体系施工原理及方案设计

5.2.1　平转体系统设计

本桥转体结构由下转盘、球绞、上转盘、牵引系统、助推系统和轴线微调系统组成。梁体重量通过墩柱传递到球铰,上球铰通过球铰间的四氟乙烯片传递至下球铰和承台。待梁体主体施工完毕后,脱空支撑将梁体的全部重量转移到下球铰,然后进行称重和配重,启动千斤顶牵拉埋设在上转盘的牵引索,克服上、下球铰之间及撑脚与下滑道之间的动摩擦力力矩,使桥体转动到位。

本工程转动体系采用钢球铰,分上、下两片,球面直径 ϕ3m。采用厂家成套产品,其中,下承台顶面设置下转盘,下转盘是转动体系的重要支撑,布置有转体系统的下球铰、撑脚的环形滑道、沙箱、转体牵引系统的反力座、助推系统、轴线微调和限位系统等,下转盘直径 9.5m,高 1.0m;布置有局部承压钢筋网以及连接上下转盘球铰;下承台设置 0.8m 宽环形滑道,滑道中心半径 4.1m;上转盘设置由预先在厂家加工好的上转盘撑脚,撑脚主要作用是保证转体时结构平稳,上转盘周围对称设置 8 个撑脚,每个撑脚为双圆柱形,下设 20mm 厚钢走板,双圆柱为两个 ϕ630×8mm 的钢管,撑脚内灌注 C50 微膨胀混凝土,安装时在撑脚走板下支垫 10mm 钢板作为转体结构与滑道的间隙,转体时支撑脚可在滑道内滑动。为保证转体的顺利实施,要求整个滑道面在一个水平面上,其相对高差不大于 0.5mm。

转体下转盘是支撑转体结构全部重量的基础，主要以承压为主，本桥采用平转法施工的转动体系，转动球铰是整个转体的核心，制作和安装要求精度很高，需要精心制作并安装。上下球铰安装要保证球面的光洁及椭圆度，球铰安装顶口务必水平；上下球铰间按设计位置镶嵌四氟板，四氟板间涂抹黄油和四氟粉，上下球铰中心穿定位钢销，精确定位。最后上下球铰吻合面外周用胶带缠绕密实以做到防尘、防水、防锈。

上转盘附着在下转盘上安装，固定成型后，试平转运行，检查无误后在支架上绑扎主墩钢筋、立模板、浇筑上承台及墩身混凝土，完成上转盘施工。转体完成后与上转盘通过后封 C50 混凝土共同形成桥梁基础承台。上、下承台之间设转体球铰，球铰结构由上、下球铰，球铰间镶嵌四氟乙烯片，上、下球铰的固定钢销轴和下球铰定位钢架组成。转体结构如图 5.5～图 5.7 所示。

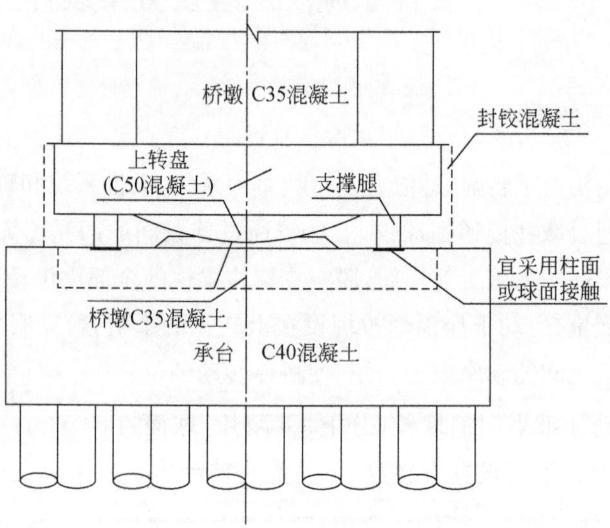

图 5.5 转体结构正面布置示意图

5.2.2 总体施工方案设计

结合桥梁结构特点、施工条件及工期要求，制定了徐州特大桥跨陇海铁路 48m＋80m＋48m 连续梁详细的总体施工技术方案。由于该桥上跨陇海铁路，为减少对铁路运营的影响，尽量消除安全隐患，该桥设计采用转体施工方法，具体流程如图 5.8 所示。

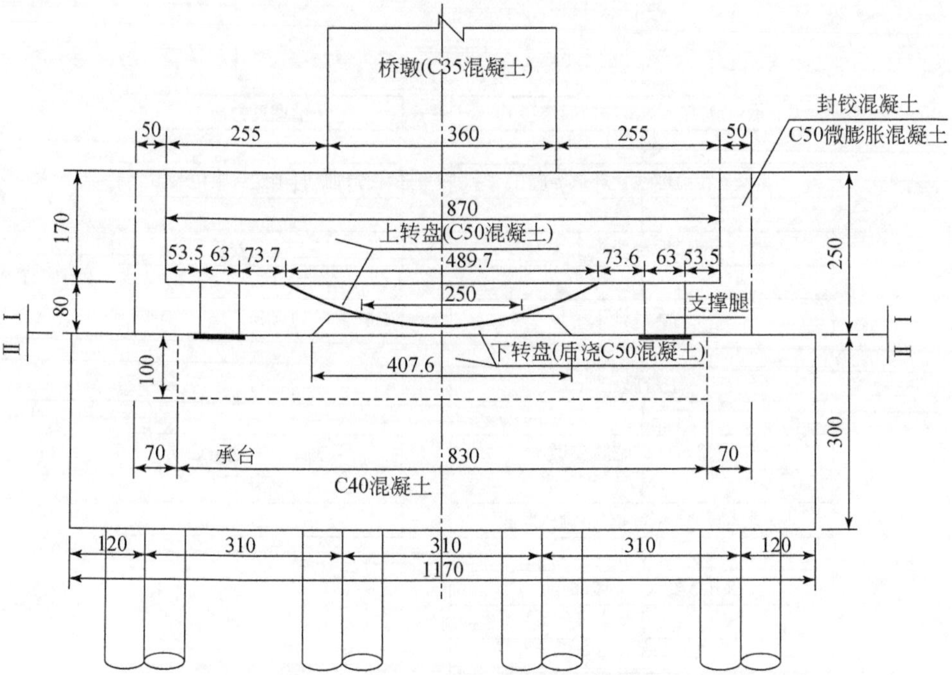

图 5.6　转体结构侧面布置(单位:mm)

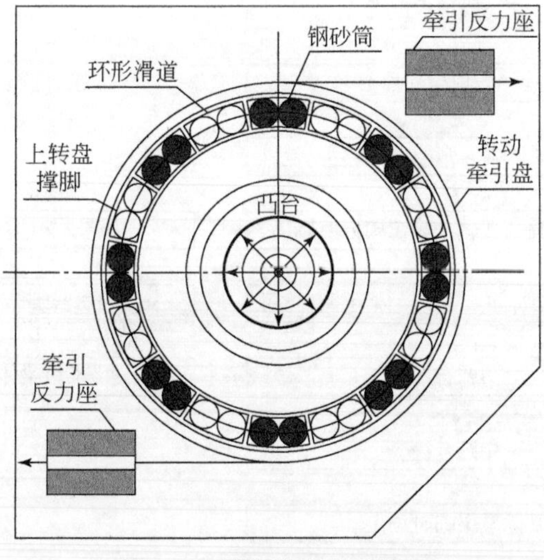

图 5.7　转体结构平面布置

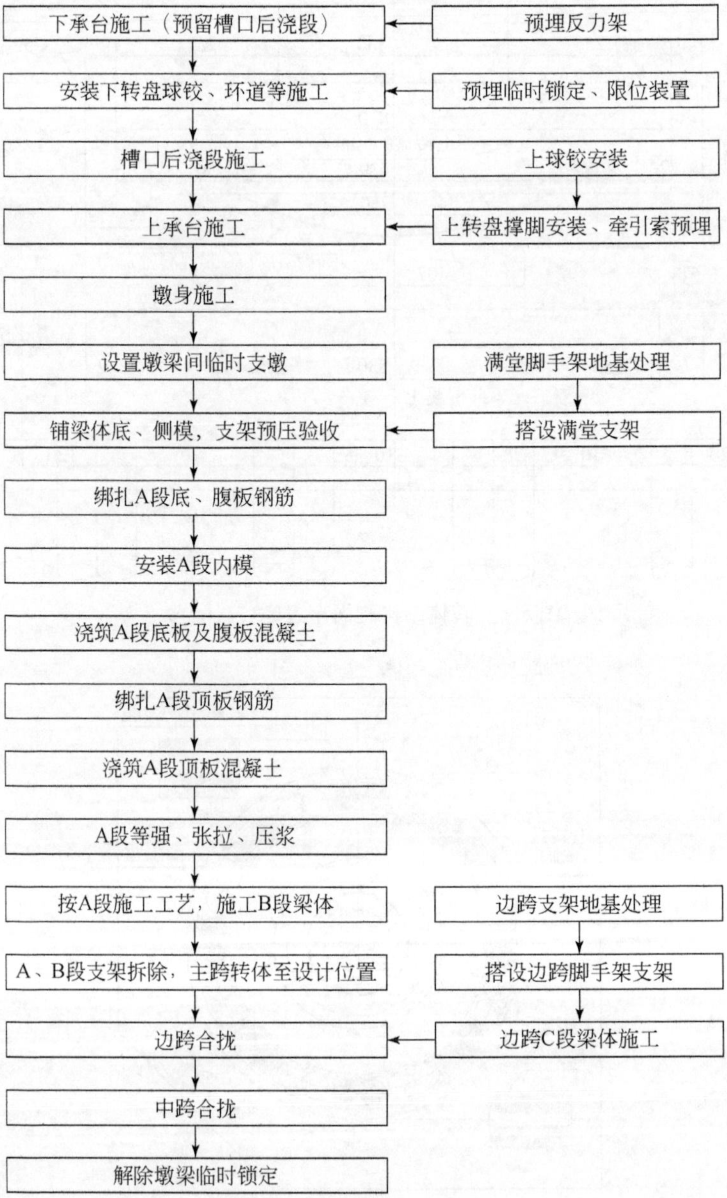

图 5.8　总体施工工艺框图

5.3　平转动体系施工关键技术

5.3.1　下转盘施工工序

转体系统下转盘分两次浇筑施工。第一次施工工艺流程为：施工测量放样→钢板桩围护→机械开挖基坑→凿除桩头→人工清理基底→垫层施工→绑扎底层钢筋、侧面钢筋、内竖向钢筋、各种预埋钢筋和预埋件→立模浇筑第一层混凝土；第二次在下承台混凝土强度达到要求后进行后浇槽混凝土施工，施工流程为：施工测量放样→下球铰和滑道骨架安装固定→绑扎其余钢筋、各种预埋钢筋和预埋件→浇筑后浇槽混凝土及千斤顶反力座、助推反力座混凝土。

在下承台混凝土浇筑前，应将转动体系中的牵引系统的反力座，助推系统反力座预埋在下承台中，并在下承台埋设临时锁定装置及限位工字钢。

1. 转体牵引系统反力座的预埋

转体牵引系统的反力座钢筋预埋槽口的平面尺寸，以距上盘切线位置5m距离为中心，并在下承台上制作简易托架，利用油顶拉动钢绞线牵引墩身实现转体作业，为保证转体平稳，下承台中牵引系统的反力座对称设置。

2. 助推系统反力座预埋

转体助推系统外侧反力座以球铰为中心对称布置8个，转体助推系统内侧反力座以球铰为中心对称布置8个，助推墩反力座的助推面与环向对称点的连线应通过球铰中心。

3. 临时锁定装置

临时锁定装置采用两根对称布置的I25工字钢将上承台与下承台锁定。工字钢深入下承台50cm，伸入上承台预埋50cm长，每根1.9m，待上、下承台施工完毕后，对上、下承台的相对位置关系进行固定，待转体前，对临时锁定的I25工字钢进行割除。

4. 防超装置限位工字钢

根据理论桥轴向位置，防超装置限位预先在上、下转盘预埋工字钢(图5.9)；

利用助推反力座安装限位装置，防止过转，下承台在 50＃、51＃墩墩身的法线方向分别预埋 4 根 I25 工字钢，上承台根据 50＃墩、51＃墩现场实际转角也分别在法线方向预埋 4 根 I25 工字钢，50＃墩转角 54°15′53″，51＃墩转角 50°6′49″。转体前，在限位工字钢上贴 2cm 厚橡胶垫，转动到位后去除橡胶垫，然后点动千斤顶，进行精确就位。

图 5.9 限位工字钢

5.3.2 下转盘(承台)槽口中转体系统的安装

在下承台槽口混凝土浇筑前，应将转动体系中的下转盘、环形滑道、临时锁定装置、转动限位工字钢、牵引系统和助推反力座预埋在下承台中。

1. 下转盘球铰安装

下转盘球铰安装时，在承台混凝土浇筑时预留槽口，转盘球铰调整固定后进行二次浇筑混凝土。下转盘球铰安装顺序为：槽口清理→拼装下转盘球铰→初步定位→绑扎槽口内钢筋→安装调整固定支架→精确定位及调整→固定→浇筑混凝土。在整个安装过程中，应注意以下几点：

(1) 槽口清理。首先根据设计位置采用精确测量放样对槽口进行检查，对不满足设计的地方进行处理；然后对槽口内混凝土面进行凿毛处理；最后将槽口内及钢筋上的碎渣、水泥浆清除。

(2) 拼装下转盘球铰。下转盘球铰运到现场后进行检查，主要检查下转盘球铰表面椭圆度及结构是否满足设计加工要求。下转盘球铰的现场组装，主要是下转盘球铰的锚固钢筋及调整螺栓的安装，此部分为螺栓连接，其他构件均在厂内进行焊接组装完成。

(3) 初步定位。确定下转盘球铰中心十字线，定位出锚固螺栓位置。下转盘球铰初步定位的目的是保证槽口内钢筋与转盘的锚固钢筋不发生冲突。用吊车将下球铰骨架吊入，并进行粗调，如图 5.10 所示。

图 5.10　下球铰骨架安装示意图

(4) 绑扎槽口内钢筋。在准备工作完成后，按照设计及规范的要求进行钢筋的绑扎。此项施工必须注意，当普通钢筋与下转盘球铰锚固螺栓发生冲突时，应适当移动普通钢筋。

(5) 精确定位及调整。测量人员根据施工图所示的尺寸，采用全站仪定出下转盘中心，并以此点为中心画出下转盘和滑道的边界线，待施工人员将下转盘安装完毕后，测量人员利用电子水准仪、固定调整架及调整螺栓将下转盘球铰悬吊，精确调整中心位置和高程，调整完成后将下承台架立钢筋与下球铰骨架焊接牢固。

(6) 固定。精确定位并调整完成后，对下转盘球铰的中心、标高、平整度进行复查；中心位置利用全站仪检查，标高采用精度为 0.01mm 的电子水平仪多点复测，经检查合格后对其进行固定；竖向利用调整螺栓与横梁之间拧紧并固定，横向通过在承台上预埋型钢并利用型钢固定。

2. 滑道的安装

在撑脚的下方(下转盘顶面)设有 0.8m 宽的滑道，滑道中心的半径为 4.1m，滑道钢板采取分节段拼装，在盘下利用调整螺栓调整固定，分节段浇注混凝土。转体时保证撑脚可在滑道内滑动，以保持转体结构平稳。要求整个滑道面在同一水平面上，其相对高差不大于 0.5mm，撑脚安装如图 5.11 所示。

图 5.11 撑脚安装示意图

5.3.3 下转盘槽口混凝土浇筑施工

下承台槽口采用微膨胀 C50 混凝土浇筑，浇注的关键在于混凝土的密实度、浇注过程中下转盘球铰应不受扰动、混凝土的收缩不至于对转盘产生影响。为解决这几个问题采取以下措施：

(1) 下转盘、滑道板混凝土浇筑预留槽口按照设计图纸预留，原则上不宜过大，目的是保证球铰骨架和滑道骨架的稳定性和定位的准确性，在混凝土浇筑前搭设工作平台，工作人员在该平台上作业，避免操作过程对其产生扰动。

(2) 下转盘混凝土浇筑要保证密实，后浇 C50 混凝土用量不大，浇筑前应对每一盘混凝土的和易性、流动性进行检验，前盘作业人员由一人统一指挥布料、振捣、观测和评价等工作，施工人员 8～10 人；后盘混凝土供应数量一次不宜过大，以满足前盘进度即可，掌握好拌和、运输、吊斗入模、振捣和质量检测的全过程协调性，使混凝土作业连续流畅、密实稳妥。

(3) 下球铰预留槽混凝土浇筑时把整个球铰分成两半，在接近球面板后尽可能在一侧布设混凝土，使其由一侧(前半部)向另一侧(后半部)流动灌注，避免出现气囊，把气泡减少到最低并充分利用下球铰面板上的振捣孔和排气孔，分块单独浇注各肋板区，混凝土的浇注顺序由中心向四周进行。

(4) 选用大、小直径不同的振动棒、手工插捣扁铲和捣棒等振捣工具组合进行使用。

(5) 混凝土浇筑过程要注意分层浇筑，观察球面板、滑道板的稳定情况和位置、平整度，保持浇筑前、后一致。

(6) 严格控制混凝土浇筑，加强混凝土的养护。混凝土凝固后采用中间敲击边缘观察的方法进行检查，对混凝土收缩产生的间隙用钻孔压浆的方法进行处理。

5.3.4　上转盘中转体系统的安装

1. 上球铰、聚四氟乙烯滑动片安装

下球铰混凝土浇筑完成后，在中心销轴套管中放入黄油四氟粉，黄油四氟粉比例为 100∶1，将中心销轴放到套管中，调整好垂直度与周边间隙。然后进行下球铰聚四氟乙烯滑动片和上球铰的安装。聚四氟乙烯滑动片安装前，先将下球铰顶面清理干净并吹干，球铰表面及安装聚四氟乙烯滑动片的孔内不得有任何杂物。根据编号由内而外将聚四氟乙烯滑动片安放在相应的镶嵌孔内，下球铰聚四氟乙烯滑动片的安装如图 5.12 和图 5.13 所示。

图 5.12　清理下球铰球面

聚四氟乙烯滑动片安装完成后，保证其顶面位于同一球面上，误差≤0.5mm。检查合格后，在球面上各聚四氟乙烯滑动片间涂抹黄油聚四氟乙烯粉，使黄油聚四氟乙烯粉均匀充满聚四氟乙烯滑动片之间，并略高于聚四氟乙烯滑动片，保证其顶面有一层黄油聚四氟乙烯粉，如图 5.14 所示。整个安装过程应保持球面清洁，严禁将杂物带至球面上。将上球铰的两段销轴套管接好，用螺栓固定。将上球铰吊

图 5.13　中心销轴安装

起，在凸球面上涂抹一层聚四氟乙烯粉，然后将上球铰对准中心销轴轻落至下球铰上，用倒链微调上球铰位置，使之水平并与下球铰外圈间隙一致。试转上球铰，确保能够进行转动，如图 5.15 所示。去除被挤出的多余黄油，并用宽胶带将上、下球铰边缘的缝隙密封，防止杂物进入球铰摩擦部分。

图 5.14　涂抹黄油四氟粉

图 5.15　上球铰安装

2. 上转盘撑脚安装

上转盘共设8个撑脚，每组撑脚由两根ϕ630×8mm钢管混凝土组成，下设走板，钢管内灌注C50微膨胀混凝土。撑脚在工厂整体制造后运进现场，在下转盘混凝土浇筑完成、上球铰安装就位时安装撑脚，如图5.16所示，在撑脚与下滑道之间支垫1cm钢板作为转体结构与滑道的间隙。转体前，在滑道面内铺装不锈钢板及聚四氟乙烯板，用沙箱作为临时支撑。

图5.16　上转盘撑脚安装图

3. 上转盘施工

上转盘是转体时的重要结构，在整个转体过程中是一个多向、立体的受力状态，且受力复杂。转台是球铰、撑脚与上转盘相连接的部分，又是转体牵引索直接施加的部位。转台内预埋牵引索固定端采用15孔扎花锚具(P锚)固定，同一对牵引索的锚固端应在同一直径线上并对称于圆心，注意每根索的预埋高度应和牵引方向一致。每根索埋入转台的长度应大于3m，通过15根ϕ_s15.2钢绞线与油顶连接。每根索的出口点也应对称于转盘中心，如图5.17所示。牵引索外露部分应圆顺地缠绕在转台周围，互不干扰地搁置于预埋钢筋上，并做好保护措施。

4. 上转盘临时固定措施

为确保施工上部结构时转盘、球铰结构不发生移动，用钢楔将钢管混凝土撑脚

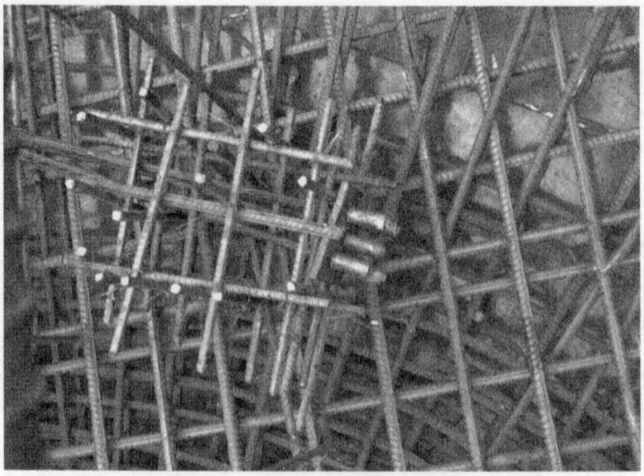

图 5.17 牵引索固定端安装

与环道之间塞死，同时在上承台和下承台之间设置临时连接，下承台混凝土浇筑前预埋钢筋或型钢，将上、下承台连接在一起。转体前切断以解除联系。

5.3.5 上转盘混凝土浇筑

上转盘(承台)底模利用预先加工好的木模。混凝土浇筑时，均匀分料，确保上承台受力均匀。待混凝土强度达到设计要求后方可拆除边模及底模，撑脚与下滑道之间支垫 1cm 钢板，需等上承台浇筑完成后方可拆除。

5.3.6 连续梁墩身浇筑及临时支座

待上承台混凝土强度达到设计要求后拆除其边模及底模，保留撑脚与下滑道之间支垫楔形铁块作为支撑。连续梁墩身浇筑施工顺序：上承台顶面混凝土凿毛→承台顶面调平→绑扎钢筋→安装模板→预埋件预埋→混凝土浇筑→拆除模板→垫石施工。

临时支座设置在主墩垫石的大、小里程，位置如图 5.18 和图 5.19 所示，临时支座采用 $\phi32$ 钢筋，每根长 2.7m，其中埋入墩身 1m，临时支座采用 C50 混凝土浇筑，顶面设置 20cm 厚的硫黄砂浆，以便转体结束后方便解除临时支墩。

5.3.7 转体系统安装精度控制

施工时使用性能和精度优良的测量仪器进行平面和高程控制。中心位置利用

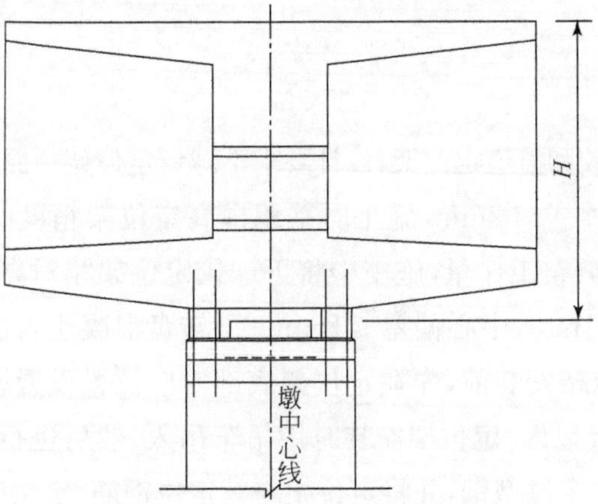

图 5.18　临时支座立面布置图

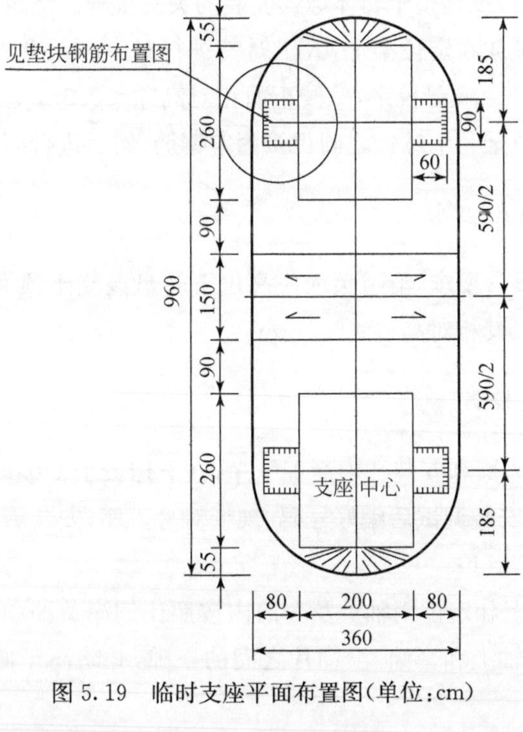

图 5.19　临时支座平面布置图(单位:cm)

全站仪检查,标高采用精度为 0.01mm 的电子水平仪多点复测。根据技术人员的现场定位测量,转体系统安放在其准确的平面位置上,待其吊装就位以后,首先对其初平,采取“边测边调、先松后紧、对角抄平、步步紧跟”的原则和方法来操作,直至达到规范的要求。

1. 定位架精度控制

首先安装下球铰和滑道定位架,设计要求下球铰定位架顶面相对高差≤5mm,滑道定位架顶面相对高差≤2mm,施工时采用提高定位架精度的方法,以减少下球铰和滑道安装时的调整工作量,施工中将下球铰定位架相对高差和滑道定位架相对高差均提高至≤1mm,中心偏差≤1mm。下转盘混凝土首次浇筑时,预埋定位架以定位钢筋,定位架安装前,先在定位架底部对应位置设置调平垫板,各垫板顶面高差控制在1mm以内,定位架安装时用吊车吊入,然后进行精确对中并调整其顶面高程,同时安装定位型钢,并将定位架与其定位钢筋、定位型钢焊接牢固。

2. 下球铰安装精度控制

下球铰的安装精度是整个转体球铰安装的关键步骤。浇筑完成第一次混凝土后,吊装下球铰使其放在定位架上,人工对其进行对中和调平,骨架角钢顶面相对高差<5mm,下球铰由螺母校平,球铰正面相对高差<0.5mm。检查合格后,固定调整螺栓,并在定位架与下球铰之间焊接固定钢筋,然后进行第二次混凝土浇筑。

3. 滑道安装精度控制

安装时,按照设计要求,滑道顶面应高出下转盘混凝土顶面1cm,且整个滑道面在同一水平面上,其相对高差≤0.5mm。

4. 上球铰精度控制

(1) 将下球铰表面和安装孔内清理干净,在下球铰上安装四氟乙烯片,四氟乙烯片在工厂内进行安装调试后编好号码,现场对号入座,安装后要求顶面在同一球面上误差不大于0.2mm。

(2) 在下球铰上和定位销轴上及套筒内按照比例涂黄油和四氟乙烯粉。使其均匀地充满定位销轴上和套筒、滑动片之间的空隙,并略高于四氟乙烯片顶面,严禁杂物侵入。

(3) 在上球铰球面上也均匀地涂一层黄油和四氟乙烯粉,安装上球铰精确定位,临时锁定限位并通过直径为270mm定位销轴使其上、下球铰中心重合。

5.4　转体主梁施工

梁体施工方法采用满堂脚手架施工，搭设宽度为 15.8m，梁体宽度为 13.4m，每侧预留 1.2m 工作平台。施工前应先对线路两侧电缆等进行迁改(此项工作在桩基施工前完成)。现浇预应力连续箱梁梁体分段如图 5.20 所示。

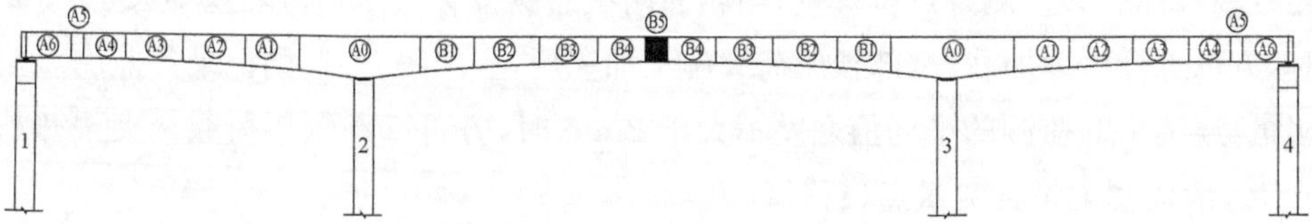

图 5.20　现浇预应力连续箱梁梁体分段

5.4.1　脚手架的搭设及预压

1. 支架的搭设

工程施工前制定了 48m＋80m＋48m 连续梁支架设计方案。采用碗扣式支架，纵向间距 60cm；横向间距在腹板处 30cm，箱底 60cm，其他 90cm；横杆层距 60cm，纵、横分别布置；剪刀撑在横截面上沿线路方向每 5m 设置一道，纵向设置 5 道(两侧翼板下各 1 道，两侧腹板下各 1 道，梁体中间 1 道)，剪刀撑与地面呈 45°～60°，45°角与立杆连接不超过 7 根，50°角与立杆连接不超过 6 根，60°角与立杆连接不超过 5 根，剪刀撑钢管搭接时，搭接长度不小于 1m，且用三个扣件连接；扫地杆距离地面不大于 20cm；顶底托丝扣外露长度不大于 30cm，底托下布置 10cm×15cm 方木作为竖向力扩散材料。

顶托上放置 15cm×15cm 方木，方木上横向放置间距 20cm(净距 10cm)×10cm×15cm 方木作为模板肋板，在上面铺设固定箱梁底模。支架标高的微调通过顶托和顶托丝杆实现。

2. 支架的预压

满堂支架搭设完毕、经验收合格后进行预压，预压重量为 A0＃块节段悬臂端重量的 110%，压载实物为砂袋，以消除支架非弹性变形，测定支架的弹性变形，以及检验支架设计的可靠性。

1）布置测点及监测频次

监测断面应设置在预压区域的两端及间隔 1/4 长度的位置。每个监测断面的基础及支架顶面应在对称混凝土梁中心线上各布置 5 个以上监测点，如图 5.21 所示。

支架加载前，应记录各监测点的初始值，每级加载完成 1h 后进行支架变形观测，以后每隔 6h 监测各点位移量，当相邻两次监测位移量平均值之差不大于 2mm 时，方可进行后续加载，全部预压荷载施工加完后，应间隔 6h 监测记录各监测点位移量，连续 12h 监测的平均值之差不大于 2mm 时，方可卸载预压荷载。支架卸载 6h 后，应监测记录各测量点位移值。

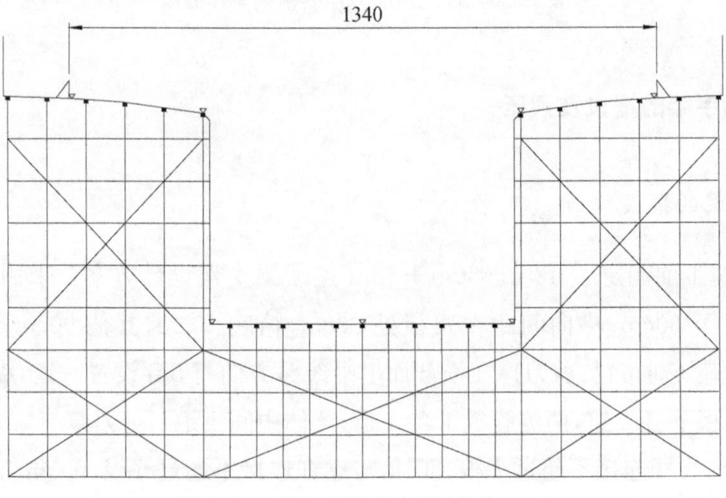

图 5.21 横向观测点布置（单位：cm）

2）加载范围

根据连续梁支架现浇施工结构，A0＃节段长 22.8m，即加载范围为每悬臂端预压顺桥向长度 11.4m，横桥向按照梁底宽度 6.7m 布置，加载高度 3.25m。

3）满堂支架加载荷载分级

按照 60％、100％、110％三级加载，加载时，根据不同的位置分别使用重 0.1～1.5t 的沙袋，并随时抽检重量，用吊车吊至支架顶，人工配合摆放。吊装时，用尼龙网包裹土袋，确保安全可靠性。加载中由技术人员现场控制加载重量和加载位置，避免出现过大误差而影响观测结果。

预压荷载加载时，要遵循整体、均匀、分层进行的原则，加载顺序为先底板后翼板并对称进行。加载过程中,安排专人观察满堂支架是否局部有弯曲变形、联结脱落或松动等现象,一旦出现上述情况应立即停止加载。

4）高程测量

测量采用精密水准仪,测量人员用专用表格对每次测量数据进行详细记载,根据现场采集的数据及时进行计算、分析、处理、修正,得出系统变形值。按预压所得的系统弹性变形值进行支架标高调整。

5.4.2　支座安装

支座安装前施工人员应认真熟悉并掌握支座安装施工工艺,安装前找出每个型号支座的安装位置,并在支座上用记号笔标示清楚。支承垫石施工完毕并达到设计强度后,用全站仪测出支座的四个角点位置;将支座范围内的支承垫石顶面凿毛,并清洗干净;将支座吊装就位,用千斤顶对支座的顶面标高进行初调至±5mm,然后用小铁片进行楔垫并精确调整,使四角高差不大于1mm;采用重力式灌浆法,将支座底面板与垫石间的孔隙及锚栓孔用支座砂浆填充密实,如图5.22所示。当支座砂浆达到设计强度后进行支座预偏量调整,将支座上板与下板间的固定螺栓松开,按设计图纸提供的预偏值调整上、下支座板的中心间距(支座预偏量调整),支座预偏量调整完成后将支座上、下板用螺栓连接固定。

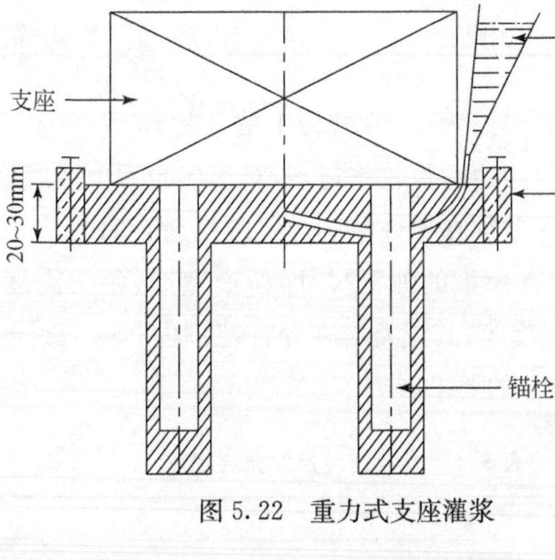

图5.22　重力式支座灌浆

5.4.3　模板设计及施工

模板安装按底模→外侧模→内模→端模的顺序进行,梁体模板的拆除应按照与安装相反的顺序进行。

1. 外模结构设计及施工

模板结构直接影响梁体的外观，外模面板（底、侧、端模）均采用厚 1.5cm 的竹胶板，面板尺寸 1.22m×2.44m，以适应立杆布置间距，面板直接钉在横梁方木上，底板纵梁采用 15cm×15cm 方木直接支承于可调顶托上，间距同碗口支架的横桥向行距；翼缘板纵梁采用 10cm×10cm 方木，间距 30cm。底板纵梁下横向分配梁采用 15cm×15cm 方木，方木直接置于顶托上。外侧模竖梁采用 2 根 8 号槽钢做竖向背带，设 ϕ18 拉筋，间距 0.6m，呈梅花形布置。在钉面板时，每块面板应从一端赶向另一端，以保证面板表面平整，板间拼缝应严密，不得有错台、翘曲或较大缝隙，防止浇注混凝土时漏浆及底板不平顺。

底模板分段加工，在支架上安装成型。安装要求见表 5.1。

表 5.1　底模安装尺寸允许偏差

序号	项目	允许偏差/mm	检查方法
1	底板顶面与设计标高差	±3	用水平仪测量
2	两端的活动底板边缘高差	≤1	用 600mm 水平尺测量
3	底板全长范围内横向偏移	≤2	挂中心线，测每节底板两端
4	底板全长	±5	用钢卷尺测量底板两侧
5	两端支座螺栓孔中心距	±4	用钢卷尺测量

底模板施工顺序为：底模清理（清除模板上的杂物，清除活动底模接缝处的浮渣并使之密贴）→检查底模两边的橡胶密封条，对损坏的需更换或修补→检查底模平整度等，尤其是支座处误差须在允许范围内→脱模剂涂均匀。

侧模、端模立完后，检查模板的如下尺寸：桥面宽度、桥梁高度（跨中、1/4 跨、3/4 跨）桥面板下翼的平整度等，其误差应在允许范围内；均匀涂隔离剂；模板安装尺寸允许误差需符合表 5.2 的要求。

表 5.2　模板安装尺寸允许偏差

序号	项目	允许偏差
1	模板总长	±10mm
2	底模板宽	+5mm，0
3	底模板中心线与设计位置偏差	≤2mm
4	桥面板中心线与设计位置偏差	≤10mm

续表

序号	项目	允许偏差
5	腹板中心线与设计位置偏差	≤10mm
6	横隔板中心位置偏差	≤5mm
7	模板倾斜度偏差	≤3‰
8	底模不平整度	≤2mm/m
9	桥面板宽	±10mm
10	腹板厚度	+10mm，0
11	底板厚度	+10mm，0
12	顶板厚度	+10mm，0
13	横隔板厚度	+10mm，−5mm
14	端模板预留孔偏离设计位置	≤3mm

2. 内模结构

连续梁内模采用竹胶板带木结构，面板采用 15mm 厚高压竹胶板，直接钉在纵向带木上。纵向带木采用 10cm×10cm 的方木，间距 30cm，纵向带木外设竖梁，竖梁采用 2 根 8 号槽钢做竖向背带，间距 1.2m。上、下模板间设 ϕ48cm 钢管脚手架支撑，立杆横向间距为 60cm，纵向间距为 60cm，横杆步距为 60cm，形成内模支撑骨架。内模支撑骨架与竹胶板骨架均采用扒钉连接牢固。中心实体腹板部分设置 ϕ18mm 拉杆，竖向间距为 80cm，横向间距为 120cm。

内模与底模之间设置板凳钢筋并与底板钢筋焊接牢固，板凳钢筋高度为钢筋保护层厚度，呈梅花形布置，间距为 1.0m。为防止内模上浮，在拼装内模底板时，按间距 2m×2m 在底板上布置 ϕ16 防浮钢筋，防浮钢筋与底板钢筋采用电焊连接牢固，并穿过内模支撑骨架与骨架之间的牢固连接。为了防止梁体混凝土浇筑后出现露筋现象，绑扎钢筋时，在靠模板侧的外层钢筋上绑扎 3.5cm×2.5cm 的混凝土垫块，垫块按间距每平方米不少于四块梅花形布置。

立模板时，内模顶板中间预留 40cm 宽的通长槽口及一个 100cm×80cm 的进人洞，供浇筑底板混凝土进入及施工人员进出，待底板混凝土浇筑完成后，再将进槽口处的模板架立好，同顶板混凝土一起进行浇筑。底板留设 200cm 宽通长槽口，以方便施工底板混凝土不足进行添补和人工进行底板混凝土振捣，施工完成的底板部位，采用建筑钢模将底板处槽口进行封堵，防止施工腹板、顶板时混凝土上翻。

连续梁横隔板内设有一个 150cm×140cm 的进人洞，在立底模及横隔板模板时，采用竹胶板带木结构对进人洞位置进行隔离，进人洞模板内采用 10cm×10cm 方木进行加固。

箱梁底模及侧模均采用 $\delta=15$mm 的大块竹胶板，箱内顶板内模也采用 $\delta=15$mm 大块竹胶板，为了便于内模及支撑杆件的拆除，在箱梁两端的室顶部分别设置 100cm×80cm 的工作人员出入孔，四周增加预埋筋，待内模拆除完后，连接顶板钢筋和加强钢筋，浇筑相同等级混凝土封闭。

箱梁模板接缝严密，板面平顺，板与板之间高差控制在 2mm 内，模板与钢筋骨架间用比梁体混凝土标号高一级的混凝土垫块支垫，确保保护层厚度符合设计要求。为防止内侧模压重使箱底钢筋变形，在内侧模与底板之间用与箱梁等强度的混凝土块(高度与底板同厚)支垫。

3. 梁体端头模板

梁体端头模板为大面积模板，对模板的整体性和刚度要求较高，张拉槽口较多而且复杂，为保证梁端张拉槽口的尺寸、位置准确及模板的整体刚度，梁体端头模板采用定型钢模，由专门的模板厂家按图纸要求加工成型。

5.4.4 钢筋绑扎

箱梁钢筋在钢筋棚中集中弯制，现场绑扎成型。钢筋绑扎应整体进行，在立好箱梁外模后，先绑扎底板、腹板钢筋，然后立内侧模、顶模，绑扎箱梁顶板及翼板钢筋，最后浇筑混凝土。钢筋弯制及绑扎尺寸必须符合设计及规范要求。严禁使用未经检查或不合格钢筋，使用的钢筋必须有出厂合格证和质量证明书并抽检合格。所有的钢筋必须按规定分钢种、等级、牌号、规格及不同厂家分类离地、挂牌存放，并采用篷布遮盖，防止雨水侵蚀及污染。

箱梁纵向主筋按规范要求采用电弧焊，拟定采用帮条焊和搭接焊。

钢筋的绑扎顺序为：施工准备→加工钢筋成形→顺序绑扎底板钢筋、横向预应力钢筋→绑扎隔板钢筋→绑扎腹板钢筋→立内模板→绑扎顶板钢筋、横向预应力钢筋、纵向波纹管→安装梁顶预埋钢筋(件)。

钢筋加工成型后运至现场进行安装，钢筋绑扎按设计图纸及规范要求进行。梁体钢筋应整体绑扎，先进行底板及腹板钢筋的绑扎，然后进行顶板钢筋的绑扎，当梁体钢筋与预应力钢筋相碰时，可适当移动梁体钢筋或进行弯折。梁体钢筋最小净保护层不小于35mm，绑扎铁丝的尾段不应伸入保护层内。

所有梁体预留孔均增设相应的环状钢筋，桥面泄水孔处钢筋可适当移动，并增设斜置的井字形钢筋进行加强；施工中为确保腹板、顶板、底板钢筋的位置准确，根据实际情况加强架立钢筋的设置，可采用增加架立钢筋数量或增设W形或矩形的架立钢筋等措施。采用与梁体同等强度、并且保证梁体耐久性的新型混凝土垫块来控制净保护层厚度。

5.4.5　预应力管道施工

1. 波纹管安装定位

(1) 预应力钢绞线预留孔道的尺寸与位置严格按图纸布设，孔道应平顺，端部的预埋锚垫板应垂直于孔道中心线。

(2) 管道采用定位钢筋网固定安装，使其能牢固地置于模板内的设计位置，并在混凝土浇筑过程中不产生位移。定位筋间距曲线段为0.3m，直线段0.6m一道。定位钢筋采用ϕ8U形卡和ϕ10直条钢筋组合固定。

(3) 预留孔道采用厚度$\delta \geqslant 3$mm的优质金属波纹管，安装波纹管过程中，管道内预设一根通长ϕ4铁丝，用于牵引穿束钢丝绳。管道在模板内安装完毕后，应将其端部盖好，防止水或其他杂物进入。波纹管接长采用大一号同型波纹管连接，接头长度为20～30cm，两端用密封胶布封裹；波纹管与锚垫板连接采用高密度聚乙烯塑料套管，然后用高强度塑料管接出梁体外。

(4) 波纹管安装完毕后，检查其位置是否正确，误差控制在规定范围内，检验方法见表5.3。波纹管曲线需圆顺，否则需进行调整直至符合要求为止。波纹管安装完后，检查压浆孔、出浆孔、排气孔是否畅通，检查合格后将压浆孔、出浆孔、排气孔用封盖封住，防止灌筑混凝土时水泥浆渗入造成孔道堵塞。

表5.3　预应力管道位置允许偏差和检验方法

<table>
<tr><th>序号</th><th colspan="2">项目</th><th>允许偏差/mm</th><th>检验方法</th></tr>
<tr><td>1</td><td rowspan="4">纵向</td><td>跨中4m范围</td><td>6</td><td>尺量跨中1处</td></tr>
<tr><td>2</td><td>其余部位</td><td>8</td><td>尺量1/4跨、3/4跨各1处</td></tr>
<tr><td>3</td><td>横向</td><td>5</td><td>尺量两端</td></tr>
<tr><td>4</td><td>竖向</td><td>h/1000</td><td>吊线尺量</td></tr>
</table>

(5) 管道排气孔、灌浆孔、泌水管设置如图 5.23 所示。曲线预应力筋孔道的每个波峰处，应设置三通管，泌水管伸出梁面的高度不宜小于 0.5m，泌水管也可兼作灌浆孔用。在波纹管上开口，用带嘴的塑料弧形压板-海绵垫片覆盖并用铁丝扎牢，再接增强塑料管(外径 20mm，内径 16mm)。

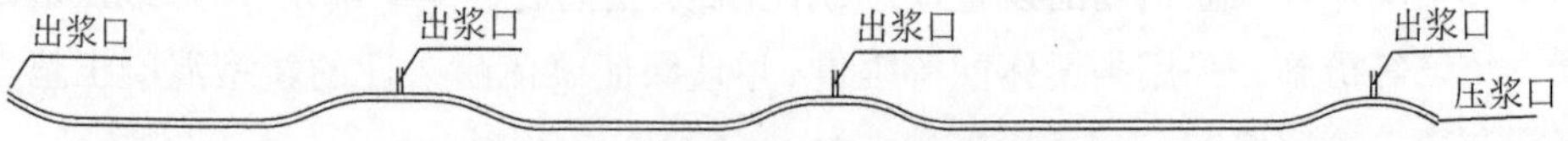

图 5.23　波纹管出浆排气口示意图

2. 纵向预应力钢绞线安装

钢绞线穿束：钢绞线采用后穿法，在混凝土浇筑后穿束安装，混凝土浇筑前应在波纹管道中穿设胶棒，混凝土浇筑完成后及时抽出胶棒以防止浇筑混凝土过程中波纹管道漏浆。采用卷扬机穿束，采取整束牵引的方法：制作一套钢架，立于波纹管两端，通过架子上的滑车，先使钢绳穿入管道内，钢丝绳在另一端穿出后绑上钢绞线接头，用卷扬机通过滑车慢慢把钢绞线引进管道内。

预应力钢绞线在箱梁预应力孔道定位后穿入管道，穿束前首先用扎丝进行编束，如图 5.24 所示。牵引设备及牵引钢丝绳的规格型号依据牵引过程中需克服的最大摩阻力确定。采用 1.5～2.0t 的慢速卷扬机。牵引设备安装在穿束管道出口端的正前方，距离管道出口 5～10m，牵引方向应与管道出口端的轴线保持一致，以减小牵引阻力。

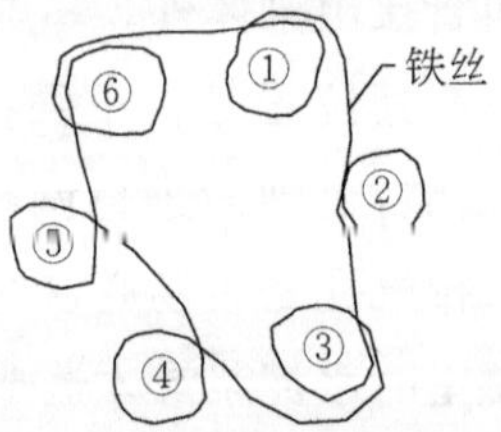

图 5.24　铁丝捆扎编束示意图

钢绞线拖拉束套用于钢丝绳与钢绞线束的连接，通过同钢绞线束之间的摩擦力将牵引力传递至钢绞线束上。拖拉束套采用 ϕ2mm 钢丝束编制而成，呈渔网状。为增加束套与钢绞线之间的摩擦力，在安装拖拉束套前，钢绞线束拖拉端部需包裹两层牛皮纸，长度不短于束套长度。钢绞线拖拉端部与管道摩擦阻力最大，易挤损波纹管管壁，在束套前端设置导向设备。导向设备由钢管加工而成，呈“子弹头”形状，外径小于预留孔道内径 10～15mm，束套包裹钢绞线束长度不小于 1.2m，必要时根据计算牵引力进行现场试验确定，并用镀锌铁线捆绑，捆绑间距为 0.1m，束套尾端加绑 3～4 道，予以加强。捆绑扎头埋入钢绞线束内。钢丝绳通过管道内预设铁线拖拉至穿束入口，与束套连接。钢绞线束拖拉端头处理如图 5.25 所示。

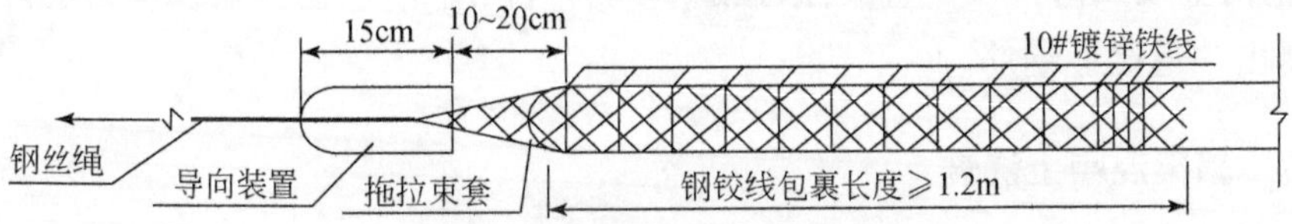

图 5.25　钢绞线束拖拉端头布置

钢绞线拖拉时先预拖拉钢绞线束套，待束套紧紧握裹钢绞线束时，进行钢绞线束拖拉作业，拖拉卷扬机必须慢速运转，拖拉速度不得大于 0.1m/s，由专人对钢绞线拖拉端头的拖拉速度进行控制，钢绞线束牵引过程中，钢绞线牵引端头通过各管道支承点，特别是管道各曲线段支承点时容易受阻，致使波纹管壁受挤破损，故支承点与波纹管之间应加设垫板，以增大支承面积。

5.4.6　预埋件安装

1. 锚具安装

锚具进场后先进行探伤检测，合格后方可使用。为保证锚具位置准确，用螺栓将锚具定位在模板上。

2. 梁内通风孔、预应力管道排气孔、泄水孔设置

梁内通风孔（ϕ80mm）每 5m 一个设在腹板上部，预应力管道排气孔（ϕ20mm）设在管道波峰处，泄水孔（ϕ80mm）设在每孔箱梁纵、横坡度最低的底板处，安装前将孔位准确定位（用 PVC 管预埋），安装过程中与普通钢筋发生干扰时可以调整钢筋的位置，与预应力管道发生干扰时调整通风孔的位置，保证预应力管道位置准确。为防止混凝土浇筑过程中孔发生位移，在安装过程中应与钢筋绑扎牢固。

3. 接触网及下锚拉线预埋基础

接触网基础使用的型号为 QJ－A 型，下锚拉线基础型号为 QJLX－1 型。要

求的精度较高,需要精确放样并测量预留螺栓高差,误差控制在 2mm 内。并采用钢筋将预埋件定位牢固,预防浇筑过程中偏位。

4. 梁顶预埋钢筋

梁顶预埋钢筋主要为竖墙钢筋、防撞墙钢筋和无砟轨道需要的门形筋,钢筋预埋前需对竖墙及防撞墙位置放样,拉通直线后再预埋钢筋,防撞墙预埋钢筋内每隔 2m 露出一道接地钢筋。

5.4.7 箱梁混凝土浇筑

1. 混凝土的浇筑顺序

箱梁混凝土浇筑分两次进行(图 5.26),第一次浇筑至腹板波纹管道顶面处,第二次浇筑剩余部位混凝土。两次混凝土浇筑接缝按施工缝进行凿毛处理,并清洗接茬的浮渣及灰尘,在第二次混凝土浇筑前,在施工缝处浇筑一层厚为 1cm 的 M50 水泥浆,保证混凝土接茬面的可靠连接。

箱梁混凝土浇筑施工中采取从两主墩向两边浇筑的顺序进行。箱梁混凝土在纵断面上分段分层灌筑完毕,分层厚度不大于 30cm,上层混凝土必须在下层混凝土初凝前灌筑完毕,避免遗留垂直施工缝。底板和腹板灌筑时,采用 ϕ30mm 插入式振捣棒振捣,在钢筋密集的地方用 ϕ20mm 插入式振捣棒,确保混凝土振捣密实。振捣作业由经验丰富的混凝土工操作,防止漏振或过振。考虑到混凝土用量很大,为避免混凝土浇筑时间过长导致混凝土分层现象,浇注过程中先浇筑箱梁底板混凝土 10m,再返回浇筑腹板和隔板,长度为 10m。如此循环,混凝土浇筑过程中应确保新旧混凝土间隔时间不得超过 3h,混凝土浇筑能力不得低于 50m^3/h。

底板、腹板混凝土灌筑完毕后,开始进行养生。待底板混凝土强度达到 50%后,开始搭设顶板内模支架,安装顶板模板,绑扎顶板钢筋,安装波纹管及钢绞线,检查签认合格后浇筑剩余部位混凝土。顶板灌筑时分别从两端向中间方向开始,并连续灌筑,桥面振捣采用插入式振动器振捣,提浆整平机整平,桥面平整度应满足 3mm/4m 的要求。

浇筑混凝土应注意以下几点:

(1) 箱梁混凝土浇筑前,应对支架、模板、钢筋定位、泵车、振捣设备等进行一次全面的检查,自检合格后报监理工程师检查签认后,方可进行混凝土施工。

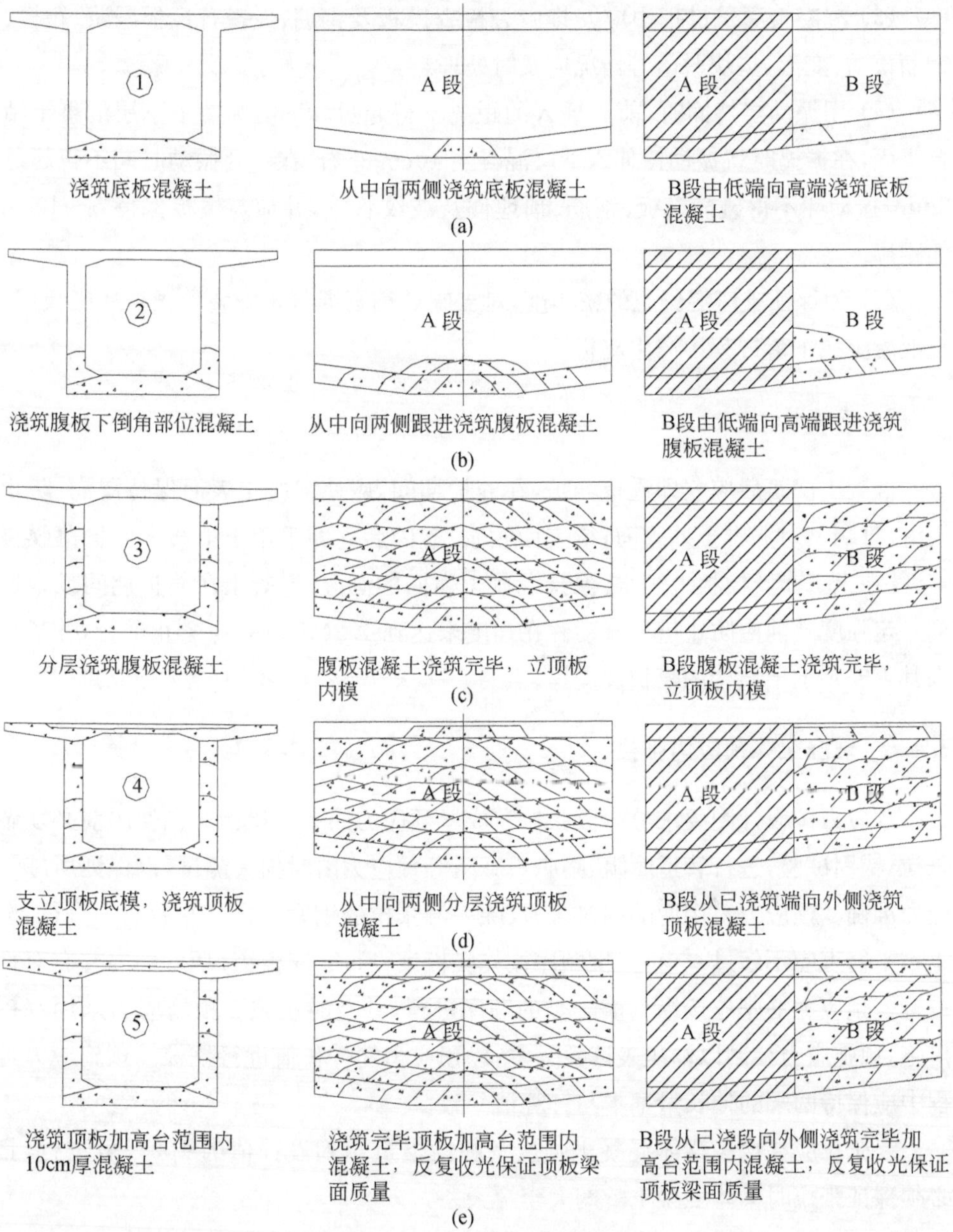

图 5.26　连续梁混凝土浇筑顺序

(2) 将灌筑的混凝土模板表面清洗干净，检查支架有无下沉、松动，进行加固处理后，再灌筑混凝土。混凝土必须连续灌筑不得中断，灌筑时间间隔不得超过 45min (30℃以上不得超过 30min)。

(3) 混凝土灌筑过程中应安排专人检查模板及钢筋,发现有模板漏浆、跑模、钢筋松动、变形、垫块脱落等情况应及时处理。

(4) 用振动棒捣固时,前后插入的距离不得超过 45cm,为使上下层混凝土结合牢固,在振捣时将振动棒伸入下层混凝土 10cm 左右,在一处振动时间不得超过 2min,振动棒不得碰撞模板、钢筋、预埋件及波纹管等,并应与模板保持 5～10cm 的距离。

(5) 为保证支座混凝土的密实度,对支座处细石混凝土安装导管直达底板,防止混凝土在下落过程中产生离析。

2. 混凝土的养护

混凝土浇筑后应立即进行养护,在养护期间,应使混凝土表面保持湿润,防止雨淋、日晒。对混凝土外露面,待表面收浆、凝固后立即采用土工布＋养护薄膜覆盖,并在土工布及模板上洒水,保持混凝土表面的潮湿,混凝土在养护期间或未达到一定强度之前应防止遭受振动。在强度未达到 1.2MPa 时,应禁止通行,并禁止在其上安装上层结构的模板及支撑。

5.4.8 现浇梁体预应力张拉

预应力按设计图要求分阶段张拉完成。预应力筋束及粗钢筋在使用前必须做张拉、锚固试验,进行管道摩阻、喇叭口摩阻等预应力瞬时损失测试,以保证所施预应力准确。预应力采用两端同时张拉(除一端张拉的钢索外),并左右对称进行,最大不平衡束应不超过一束,张拉顺序按先腹板束,后顶、底板束,从外到内左右对称进行。预应力筋张拉按纵一横一竖的顺序进行,并及时压浆。预施应力采用双控措施,预施应力控制以油压表读数为主,以预应力筋伸长值进行校核。预施应力过程中应保持两端的伸长量基本与计算值一致。

终张拉应在该段梁体混凝土强度及弹性模量达到设计值的 100%后进行,且必须保证张拉时梁体混凝土龄期大于 7 天。

1. 张拉施工顺序

(1) 安装工作锚板及工作夹片。安装前,要先检查并排除以下因素:锚垫板上灌浆孔是否堵塞;锚垫板止口内是否有混凝土结块或其他硬物;钢绞线表面是否粘着泥沙灰浆或生锈严重;安装锚板时,孔位应顺着钢绞线线形;锚板与锚垫板应同轴(有利于应力的传递);安装夹片应轻敲平齐。

(2) 安装限位板。根据钢绞线外径,选择限位板安装方向。如张拉 ϕ15.24 钢绞线时,则将限位板端面打有“152”印记的一面扣装在锚板上。

安装限位板时,必须保证限位板上各孔位与工作锚孔位排列一致,避免产生扭转现象。否则,张拉过程会发生夹片开裂、钢绞线断丝的严重事故。

因各锚固体系的限位尺寸和锚孔分布的差异,限位板必须配套使用同一锚固体系的产品。

(3) 安装千斤顶。安装千斤顶时,要注意活塞伸出方向朝外。

(4) 安装工具锚板及工具夹片。工具锚板和夹片的锥面与齿面应干净并涂有足够量的退锚灵。

安装工具锚板时工具锚应与前端工作锚对正(孔位排列一致)。必须避免钢绞线在千斤顶内扭绞(一般情况下,如果工具锚板需费力才能推到位,则必须检查钢绞线是否扭绞)。否则,张拉过程易发生断丝现象。

打紧工具夹片,使夹片和锚板夹紧,使之密贴,防止在张拉过程中夹片弹出伤人。

2. 施加预应力

钢绞线采用后穿法,在混凝土浇筑后穿束安装,混凝土浇筑前应在波纹管道中穿设胶棒,混凝土浇筑完成后及时抽出胶棒以防止浇筑混凝土过程中波纹管道漏浆。纵向预应力筋穿束前用通孔器疏通预应力管道,纵向预应力筋穿束时先将导线穿过孔道与预应力筋束连接在一起,由卷扬机牵引穿束;穿束后检查预应力筋外露情况,保证两端外露长度基本相同,满足张拉要求,然后安装锚具、千斤顶。

竖向预应力筋依设计下料加工成型,并在梁段混凝土灌筑前直接安放在梁体竖向波纹管中。

钢绞线张拉:预应力束纵向张拉选用 YDC4600 型穿心式液压千斤顶,竖向张拉选用 YC60A 型千斤顶。

纵、竖张拉,尤其是纵向预应力筋张拉是控制工期和质量的关键工序。张拉必须按设计要求的顺序进行,在梁段混凝土强度达 90%以上,弹性模量达到 100%以上且龄期不少于 5 天后,即可开始张拉纵向预应力筋,竖向预应力筋张拉待纵向预应力筋张拉完成后进行。

张拉时确保“三同心、两同步”,并采取双控措施,以张拉力控制为主、伸长量校核为辅。“三同心”即锚垫板与管道同心，锚具各锚垫板同心，千斤顶和锚具同心。“两步同”即“T”构两侧两端均匀对称同时张拉。在张拉完后卸下千斤顶，在钢绞线上离锚圈等距作标记。

预施应力按早期张拉和终张拉两个阶段进行。张拉预应力钢绞线时，采用应力、应变双控制，张拉程序为：0→初应力（$0.10\sigma_{con}$）→σ_{con}持荷 5min→ 锚固。

早期张拉：为避免梁体混凝土收缩开裂，当梁体混凝土强度达到设计值的60%时，连续梁带模早期张拉。早期张拉后方可拆除内模和侧模，不得对梁体压缩造成阻碍。

终张拉：终张拉应在梁体混凝土强度及弹性模量达到设计值后，且龄期不少于10 天时进行，终张拉后方可拆除所有模板。

(1) 施加预应力前，对梁体外观、尺寸进行检查，应符合质量标准要求。

(2) 预施力应左右对称进行，最大不平衡束不应超过一束，张拉顺序按照设计图要求进行。两端张拉的预应力钢束在预应力过程中应保持两端的伸长量基本一致。

(3) 预应力施工前，应至少对两孔连续梁管道摩阻，喇叭口摩阻等预应力瞬时损失测试，并根据测试结果调整预应力值，以保证预施应力准确。

(4) 张拉时，千斤顶张拉力作用线应与预应力束轴线重合一致。

(5) 张拉质量要求：

①预应力值以油表读数为主，校核预应力筋伸长值，按预应力筋实际弹性模量计算的理论伸长值与实测伸长值相差不应大于±6%。实测伸长值以 20%张拉力作为测量的初始点。

当实测伸长值与理论伸长值相差大于±6%时，需分析其不符的原因（例如，油压表不准、千斤顶内摩阻过大、预应力筋实际弹模偏高或偏低等）并进行处理。

②箱梁终张后应实测梁体上拱度，实测值不得大于 1.05 倍设计计算值。

③每孔梁断丝及滑丝数量不超过预应力钢丝总数的 0.5%，并不得处于梁的同一侧，且一束内断丝不得超过一丝。

(6) 张拉过程中出现以下情况之一，需要换钢绞线重新张拉：

①后期张拉时发现早期张拉的锚具当中夹片断裂。

②锚具内夹片错牙在 4mm 以上。

③锚具内夹片断裂在两片以上（含有错牙的两片断裂）。

④锚环裂纹损坏。

⑤切割钢绞线或者压浆时发生滑丝。

(7) 钢绞线切割。

张拉完成后，在锚圈口处的钢绞线做上记号，以作张拉后对钢绞线锚固情况的观察依据。张拉完毕24h后复查，确认无新滑断丝即可进行钢绞线头的切割，切割处距锚具表面30～40mm。切割采用砂轮锯切割。

3. 孔道压浆

1) 压浆

(1) 浆液要求：孔道压浆时，水泥浆抗压强度要求达到R28≥50MPa，水泥标号不得低于42.5号普通硅酸盐水泥，水泥：压浆剂：水=1350：150：495。

(2) 压浆准备：张拉施工完成后，切除外露的钢绞线进行封锚，同时，将锚垫板表面清理干净平整，在保护罩底面与橡胶密封圈表面均匀涂一层玻璃胶，闭上橡胶密封圈，将保护罩与锚垫板上的安装孔对正，用螺栓拧紧。清理锚垫板上的灌浆孔，保证通道顺畅。

(3) 压浆方法：试抽真空，启动真空泵，使系统负压能达到0.06～0.1MPa。当孔道的真空度保持稳定时，停泵1min，若压力降低小于0.02MPa，即可认为孔道基本达到真空，如果不满足此要求，则表示孔道未能完全密封，需要在灌浆前进行检查及更正。

(4) 拌浆：拌浆前先加水空转数分钟，使搅拌机内壁充分湿润，将积水倒干净；将称量好的水倒入搅拌机，之后边搅拌边倒入水泥，再搅拌3～5min直至均匀；将溶于水的外加剂和其他外加剂倒入搅拌机，搅拌5～15min，然后倒入盛浆筒；倒入盛浆筒的水泥浆应尽量马上泵送，否则应不停地搅拌。

(5) 灌浆：启动真空泵，当真空度达到并维持在负压0.08MPa左右时，打开阀门，启动灌浆泵，开始灌浆；当浆体经过三通接头到达真空泵透明高压管时，打开排浆阀门并关闭负压容器阀门，关闭真空泵。透明高压管应超过10m以便控制。观察废浆筒处的出浆情况，当出浆流畅、稳定且稠度与盛浆筒浆体基本一样时，关闭灌浆泵，并关闭另一端阀门；再次启动灌浆泵，使灌浆压力达到0.4MPa左右，关掉灌浆泵，关闭灌浆端的阀门；接通水，打开阀门清洗，拆透明高压管。

2) 封锚

张拉施工完成之后，切除外露的钢绞线，进行封锚。封锚采用无收缩水泥砂浆此时，必须将锚板及夹片、外露钢绞线全部包裹，覆盖层厚度>15mm，封锚后36～

48h之内灌浆。封锚示意如图 5.27 所示。

预应力筋终拉完成后，应在两天内进行管道压浆，以防预应力钢束锈蚀或松弛。压浆材料及工艺应满足《客运专线铁路桥涵工程施工技术指南》(TZ 213—2005)的各项规定。压浆前用压缩空气对孔道进行吹扫，并在压浆前最少 1h，用每升含 0.01kg 氢氧化钙的高压水冲洗孔道，然后用压缩空气吹干。锚具周围的钢丝间隙和孔洞予以填封，以防冒浆。必要时，孔内钢束进行防护、防腐处理。水泥浆拌和机采用 VJW200 型，拌制出胶状稠度的水泥浆，压浆采用 ZUB4.5 压浆泵，严禁使用压缩空气。压浆机以 0.7MPa 的常压进行连续作业，压浆停止时，压浆机要照常循环并搅拌。在泵的全部缓冲板上部装上 1.0mm 的标准孔的筛式滤净器。水泥浆拌制时间不少于 2min，强度不低于 50MPa。压浆作业过程中最少每隔 3h 需对所有设备用清水彻底清洗一次，每天用完后也要进行清洗。压浆作业采用一次压浆的方法，必要时，采用两端先、后各压浆一次的方法进行。两次压浆的间隔时间以达到先压注的水泥浆既充分泌水又未初凝为宜，不超过 30min。

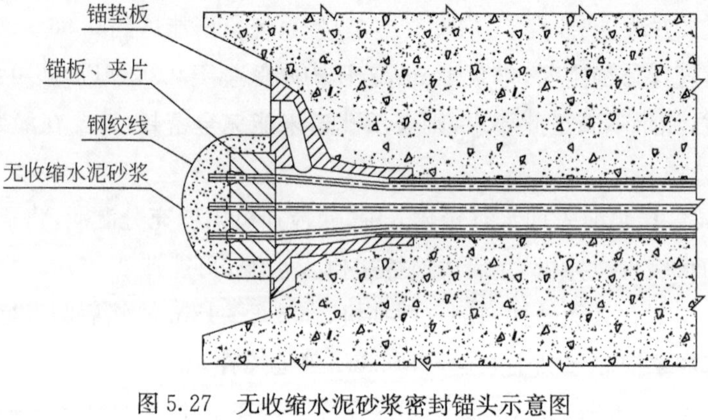

图 5.27 无收缩水泥砂浆密封锚头示意图

孔道压浆按自下而上顺序进行。从拌水泥浆到开始向孔道压浆，间隔时间不得超过 40min。压浆前，水泥浆不断搅动，以防流动性降低。压浆作业应缓慢、均匀、连续进行。压浆端的水泥浆压力控制在 0.7MPa 左右，且最少维持 10s，确保孔道压浆饱满、密实。当另一端排气孔排出：空气→水→稀浆→浓浆时，即可停止压浆，用木塞塞住并持荷。

按规范规定制作水泥浆试件，每片梁或每一工作班不得少于三组，以检查其强度。

3）张拉槽口封锚

张拉端槽口的封锚采用锚穴方式，以减少封锚混凝土体积。

压浆后，先将锚端周围冲洗干净并凿毛，然后立模浇筑封锚混凝土。本工程使用与梁体同标号的封锚混凝土。浇筑封锚混凝土时，严格控制梁体长度，浇筑后及时进行养护。当封锚混凝土达到 15MPa 后，方可拆模。

封锚前应对锚穴进行凿毛处理，并利用一端带钩、一端带有螺纹的短钢筋安装于锚垫板螺栓孔，与锚穴内钢筋网绑扎在一起，以保证封端混凝土与梁体连为一体。

封锚后进行防水处理，锚穴外侧涂刷防水涂料。防水涂料采用聚氨酯防水涂料，防水涂料符合《铁路混凝土桥面防水层技术条件》(TB/T 2965—2011)的要求。

同时，需要注意以下几点：

(1) 孔道压浆完毕后立即将梁端水泥浆冲洗干净，同时清除支承垫板、锚具及端面混凝土的污垢，并将端面混凝土凿毛，以备浇筑封端混凝土。

(2) 设置端面钢筋网。为固定钢筋网的位置，可将部分箍筋点焊在支承垫板上。

(3) 固定封端模板，以免在浇筑混凝土时模板走动而影响梁长。立模后校核梁体全长，其长度应符合允许偏差的规定。

(4) 浇筑封锚混凝土时，要仔细操作并认真振捣，保证锚具处的混凝土密实。

(5) 新老混凝土接触面凿毛必须保证不破坏外观接触处，凿毛部位距离梁体轮廓边为 2～3cm。

(6) 混凝土凿毛部位必须将其水泥浆凿完，直至露出碎石。

5.5 转体施工

为保障转体顺利完成，严格按照转体施工方案完成每一道工序，确保施工的每一个环节均不能出错，制定详细的转体施工方案。转体施工工艺流程如图 5.28 所示。

5.5.1 转体前的施工准备

1. 转体附属施工及支架拆除

在转体施工前，完成转体部分桥面附属结构施工，保证转体后不再进行铁路上方的施工作业。

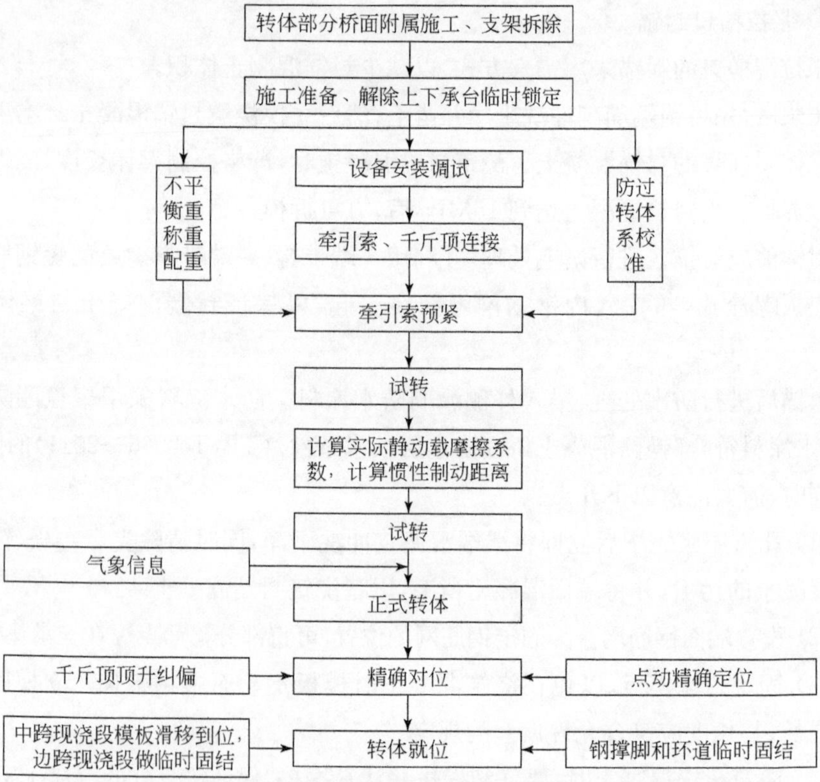

图 5.28　转体施工工艺流程图

拆除全部支架时，静止 12h 以上，检查转动体系安全可靠的程度及结构变形随气温变化的规律，考虑转动前各种因素对高程的影响，以便于高程调整。

2. 清理滑道及临时锁定设施

(1) 清理环道，清除环道表面由于施工产生的污染物，环道表面清理干净后，涂抹黄油四氟粉，尽可能地减少转动时的摩阻力。

(2) 解除临时锁定设施，转体前，对预埋的临时锁定的工字钢进行割除。

3. 牵引系统及设备测试

转体结构平转牵引系统由牵引动力系统、牵引索和牵引反力座组成。转体前对牵引系统及设备进行测试，本小节主要是介绍牵引系统及其测试过程。

1) 牵引动力系统

每个转体的牵引动力系统由两台 LSD200 型连续顶推千斤顶、两台 ZLDB 液压泵站和一台 ZLDK 主控台通过高压油管和电缆线连接组成。既有陇海铁路线两侧转体分别单独成为一套牵引系统。牵引动力系统两台连续千斤顶分别水平、平行、对称地布置于转盘两侧，千斤顶的中心线与上转盘外圆相切，中心线高度与上转盘预埋钢绞线的中心线水平。千斤顶放置于配套的反力座上，反力座预埋钢筋深入承台内，牵引反力座槽口位置及高度精确放样，准确定位，并能承受大于 300t 的反作用力。将调试好的动力系统设备运到工地进行对位安装后，往油泵油箱内注满专用液压油，正确连接油路和电路，重新进行系统调试，使动力系统的同步性和连续性达到最佳状态，牵引动力系统如图 5.29 所示。

图 5.29 牵引动力系统

2）牵引索上转盘

牵引索上转盘设置两束牵引索，逐根顺次沿着既定索道排列缠绕以后穿过千斤顶。用千斤顶对牵引索钢绞线预紧，使同一束牵引索各钢绞线持力基本一致。牵引索安装完成后至使用期间，应注意保护，防止电焊打伤或电流通过，应防潮、防淋、避免锈蚀。

在上转盘上标注刻度，并在下转盘上埋设刻度指针，用以监控转动的距离，牵引索上转盘刻度标示如图 5.30 所示。

3）牵引设备测试

（1）转体工程中的液压及电器设备出厂前进行测试和标定。

（2）设备进场后，按平面布置图将设备安全就位，连接好主控台、泵站、千斤顶间的信号线，接好泵站与千斤顶之间的油路，连接主控台、泵站电源，进行安装调试并检查设备是否运转正常。

（3）设备空载试运行，根据千斤顶施力值(启动牵引力按静摩擦系数 0.1，动摩

图 5.30 牵引索上转盘

擦系数 0.06 考虑)反算各泵站油压值,按此油压值调整好泵站的最大允许油压,空载试运行,并检查设备运行是否正常。

(4) 安装各种监控标识,如桥梁轴线位置标示。

(5) 技术准备。提前做好技术交底、记录表格、各观测点人员分工、控制信号及通信联络等工作。

(6) 全面检查转体结构各关键受力部位有无裂纹及异常情况。

(7) 转体的气候条件要求。提前搜集转体前的气象条件,桥梁转体应选择在无雨、无风或微风的环境下进行,转动时的现场风力不宜大于 4 级。选择气象条件有利的时段拆除转盘支撑,支架拆除至转体结构临时锁定期间应避免大风、暴雨等恶劣天气。

(8) 通信联系方式的调试。现场安装一台路内直通电话作为施工现场与车站的主要联系方式,要点期间采用对讲机作为辅助通信工具,将手机、车站调度电话及现场调度电话作为备用方案。

(9) 桥面清理。转体前,在桥面附属设施施工完毕后,对桥面及时进行清理,将杂物及剩余构件清理下桥,防止转体施工中物体坠落影响营业线行车安全。

5.5.2 不平衡重称重试验及配重设计

1. 不平衡重称重试验

称重试验采用球铰转动测试不平衡力矩。通过测试刚体位移的突变,此过程中只考虑刚体作用而不考虑挠度等影响因素较多的参数,该法受力比较明确,结果比较准确。称重试验在悬臂梁东、西两侧上转盘底部布置4台千斤顶，用以对梁体进行顶放，每台千斤顶上布置荷重传感器以测定实际支点反力大小，在球铰上转盘四周对称布置4个百分表以观测称重过程中的微小转动。

当脱架完成后，整个梁体的平衡表现为两种形式：

(1) 转动体球铰摩阻力矩 M_Z 大于转动体不平衡力矩 M_G。此时，梁体不发生绕球铰的刚体转动，体系的平衡由球铰摩阻力矩和转动体不平衡力矩所保持。此时进行不平衡称重试验，分别从转动体东、西侧支点顶梁，使转动体在沿梁轴线的竖平面内发生逆时针、顺时针方向微小转动，如图5.31所示。

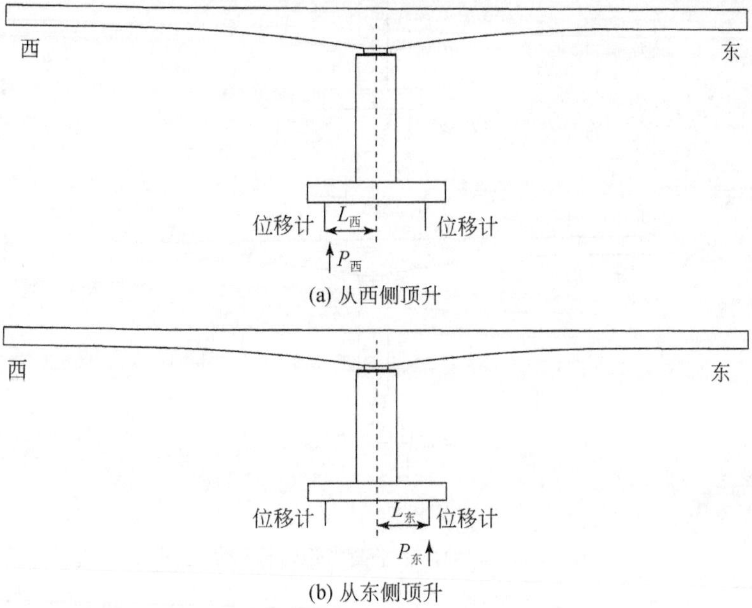

图5.31　转动体不平衡力矩时称重示意图

转动体不平衡力矩：

$$M_G=\frac{P_{东}L_{东}-P_{西}L_{西}}{2}$$

静摩擦力矩：

$$M_Z=\frac{P_{东}L_{东}+P_{西}L_{西}}{2}$$

式中，$P_{东}$、$P_{西}$ 为梁体发生微小转动时，东、西侧的支点反力；$L_{东}$、$L_{西}$ 为东西侧支点力臂。

(2) 转动体球铰摩阻力矩 M_Z 小于转动体不平衡力矩 M_G。此时，梁体发生绕球铰的刚体转动，直到撑脚参与工作，体系的平衡由球铰摩阻力矩、转动体不平衡力矩和撑脚对球心的力矩所保持。此时进行不平衡称重试验，假定转动体不平衡力矩偏向西侧，则西侧支点落顶，使转动体在沿梁轴线的竖平面内发生微小转动，同时东侧支点反力为零。然后西侧支点升顶，使转动体在沿梁轴线的竖平面内发生微小转动，同时东侧支反力为零，如图 5.32 所示。

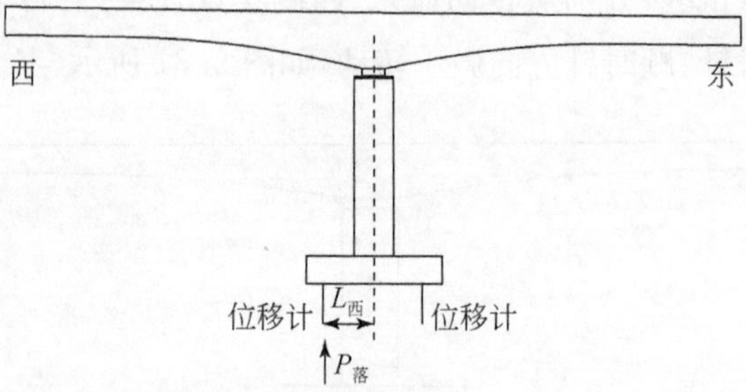

(a) 西侧落顶

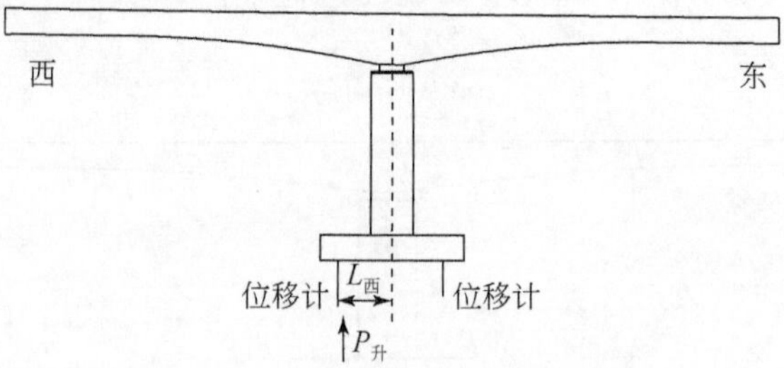

(b) 西侧升顶

图 5.32 转动体不平衡力矩时称重示意图

转动体不平衡力矩：

$$M_G=\frac{P_升+P_落}{2}L_西$$

静摩擦力矩：

$$M_Z=\frac{P_升-P_西}{2}L_西$$

式中，$P_落$、$P_升$ 为梁体左侧落顶、升顶时支点反力；$L_西$ 为西侧侧支点力臂。

转体前整个不平衡重称重试验过程中，有以下几点还需要注意：

(1) 在混凝土浇筑过程中对箱梁顶、底板面标高进行严格控制并记录混凝土浇筑数量。整理混凝土浇筑记录，理论计算出混凝土不平衡重(此项结果仅供参考)。

(2) 梁部施工完成后、支架拆除前，在上、下转盘之间的外环道位置关于转盘中心对称安装 4 台手动千斤顶，安装布置如图 5.33 所示。在梁两端以及转盘外环道处的上、下转盘之间对称安装 4 个位移传感器，安装布置如图 5.34 所示。采用千斤顶与位移传感器相结合的方式进行应力和位移的双控。

称重千斤顶布置距离 $d=2\text{m}$，则距离转体中心线约 3.98m，球铰摩擦系数按 0.05 取值，预估静摩阻力矩 16522kN · m，则每台千斤顶需要的顶力预计：16522/(2×3.98)≈2076kN，因此考虑到加载的对称性要求及安全度，需 3000 kN 的千斤顶 4 台。

(3) 支架拆除后，进行 48h 的全天候观测，利用手动千斤顶进行称重并观测变化，结合位移观测数值进行分析，确定不平衡重调整值。

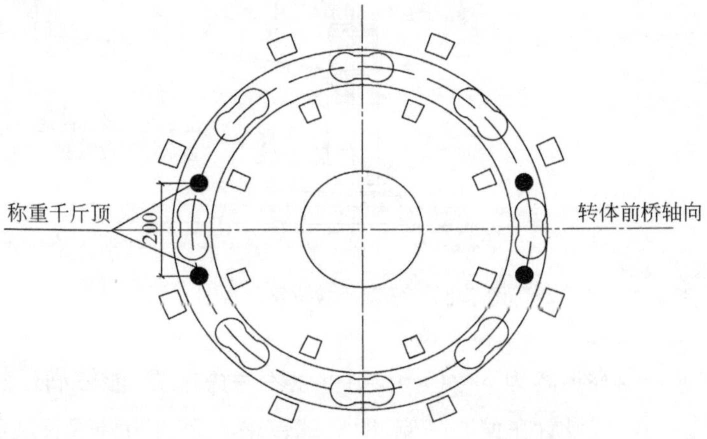

图 5.33　称重用千斤顶摆放位置示意图

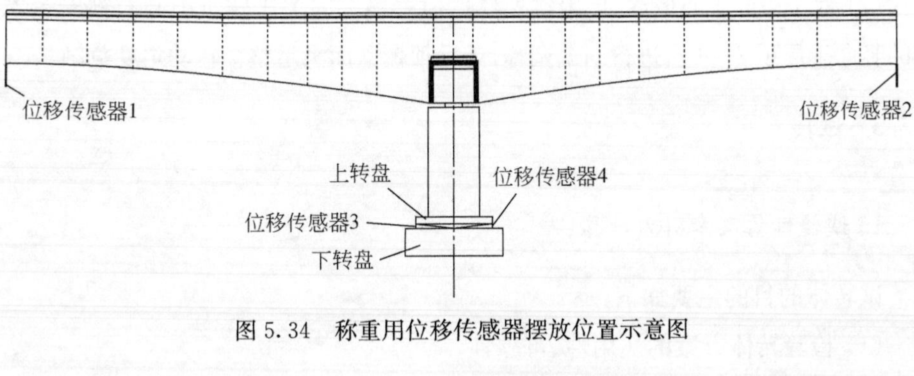

图 5.34　称重用位移传感器摆放位置示意图

2. 配重方案

称重完成后根据转体结构物不平衡力矩(混凝土施工不平衡力矩+结构物产生不平衡力矩+观测分析调整值),制定配载方案。

(1) 对于纵向重心偏移,根据量测结果经理论推算后,采用现场加沙袋配重法调整两端的重量(沙袋配重布置如图 5.35 所示),使结构重心尽量和转轴中心重合。配重后结构的偏心距控制在 5~10cm。

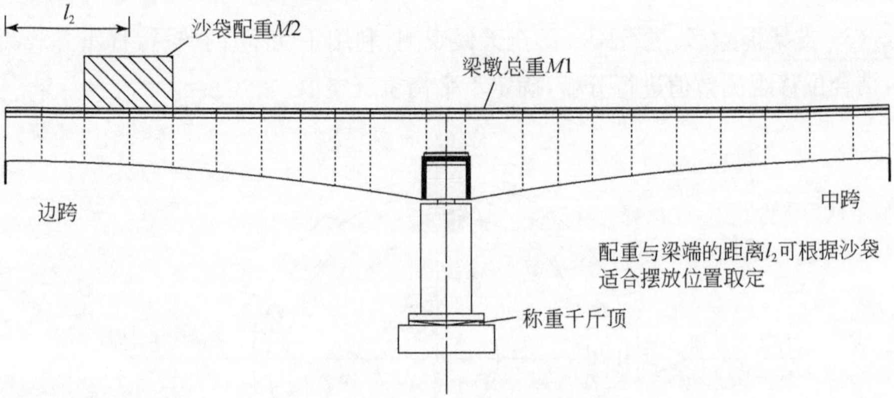

图 5.35 配重沙袋位置示意图

配置之前若偏心距离为 5~15cm,则可以不考虑配重,能够满足转体施工需要,若需配重,则配重设置在偏心一侧,距离球铰中心距离为悬臂长度的 6/10 处,配重为不平衡力矩的 30%左右。

(2) 对于横向重心偏移,采用在外环道位置横桥向关于转盘中心对称安装大吨位的竖向千斤顶 2~4 台进行纠偏调整,千斤顶覆盖面满足整个转动角度范围。

5.5.3 试转

1. 试转目的及牵引力计算

试转体的目的主要如下:

(1) 检验转体方案的实用性、可靠性。

(2) 检验整个指挥系统的协调性。

(3) 检验操作人员是否明确自己的岗位职责和协同反应能力。

(4) 通过演练取得经验并找到差距,以便进一步改进预定的转体方案。

(5) 为了测试千斤顶加载后的工作性能,并确定合理的转速的控制参数和停止牵引后转动体在惯性作用下可产生的转动距离。

上述各项准备和测试工作完成后,正式转动前两天,进行结构转体试运转,全面检查牵引动力系统是否状态良好。试转前主要转体参数牵引力计算如下。

已知,转体总重量 W=55000kN,则球铰转动摩擦力矩

$$M=\frac{2\mu RW}{3}$$

式中,R 为球铰平面半径,R=1.25m;W 为转动总重量,W=55000kN;μ 为球铰摩擦系数,启动时摩擦系数按静摩擦系数 $\mu_{静}$=0.1,$M_{静}$=4583.33kN·m;转动过程中摩擦系数按动摩擦系数 $\mu_{动}$=0.06,$M_{动}$=2750kN·m。

实际转体按不平衡体系转动,即人为控制转体结构偏向边跨一侧,使一个支撑腿接触滑道,控制该支撑腿反力不超过 2000kN,在上述设定的转动条件下,计算牵引力为

$$T=\frac{2}{3}\frac{RW\mu}{D}+\frac{N\mu R}{D}$$

式中,D 为转台直径,D=10m;N 为转体时支撑腿最大反力撑,N=2000kN;R 为支撑腿半径,R=4.1m。

计算结果:启动时所需最大牵引力:$2T$=1587.33kN,即 $T\approx$793.67kN;同理,转动时所需最大牵引力:$2T$=951.2kN,即 T=475.6kN。

由于工程采用的钢绞线屈服强度 1860MPa,转体最大不超过其 70%,则:

1860MPa×70%×5×140mm÷1000=911kN

故牵引索钢绞线的安全系数:

2×91.1÷72=2.53

从计算结果可以看出,千斤顶动力储备和钢绞线的安全系数已达到工程设计要求。

2. 试转步骤

(1) 准备工作。在转体实施前拆除底模,在撑脚与下滑道之间支垫楔形铁块,并将杂物清理干净。拆除上下转盘间防水、防尘设施及临时固定装置。转体实施前,应对滑道再进行一次润滑,确保滑道上的阻力处于最小状态。

(2) 牵引索安装。牵引索锚固端安装采用 P 锚固定于下承台中的转体牵引系

统的反力座上。

(3) 设备安装调试。自动连续转体系统，由两台 LSD200 型连续顶推千斤顶、两台 ZLDB 液压泵站和一台 ZLDK 主控台，通过高压油管和电缆线连接组成。由前后两台千斤顶串联组成，每台千斤顶前端配有夹持装置。两台连续千斤顶分别按水平、平行、对称的要求布置于转盘两侧，千斤顶的中心线必须与上转盘外圆相切，中心线高度与上转盘预埋钢绞线的中心线高度相等。

设备空载试运行。根据千斤顶施力值(启动牵引力按静摩擦系数 0.10，转动牵引力按动摩擦系数 0.06 考虑)反算出各泵油压值，按此油压值调整泵站的最大允许油压，空载试运行，检查设备运行是否正常。

(4) 试转。用 LSD200 型千斤顶以 5～10kN 的力逐根预紧钢绞线，预紧应采取对称的方式进行，并应重复数次，以保证各根钢绞线受力均匀。预紧过程中，应保证钢绞线平行地缠于上转盘。试转时，合上主控台及泵站电源，启动泵站，用主控台控制两千斤顶同时施力。若桥梁不能转动，则施以事先准备好的辅助顶推千斤顶同时出力，以克服静摩阻力。

试转时应做好两项重要数据的测试工作：①转动时测量每分钟转动主桥的角度及悬臂端所转动的水平弦线距离，以便将转体速度控制在设计要求内；②测量组应测量每点动一次悬臂端所转动水平弦线距离的数据，为转体初步到位后，进行精确定位提供操作依据。

试转过程中，应检查转体结构是否平衡稳定，有无故障，关键受力部位是否产生裂纹。如有异常情况，应停止试转，查明原因并采取相应措施整改后，方可继续试转。

5.5.4 转体时间的估算

考虑 T 构连续梁转体的平稳和安全，取 1.0m/min 为平转设计线速度，1.47°/min 为设计角速度。

设计转体角度为 54°15′53″，51＃墩转角 50°6′49″，转体所花时间为 37min，考虑其他综合情况，取转体时间为 40min。

转体到位后悬臂端调整中线、标高至设计位置时间 30min。

中跨合拢段模板滑移到位，上、下承台固结锁定时间 30min。

转体全过程计划要点时间合计为 120min，施工需要垂直天窗时间计划见表 5.4。

表 5.4 转体施工要点时间分析表

工作内容	工作时间/min	20 60 100/min
施工前准备	—	不占用封锁时间
两侧同步正式转体	40	
调整中线、标高至设计位置	30	
中跨合拢段模板滑移到位，上下承台固结锁定	30	
收拾现场，转体施工结束	20	
合计	120	

5.5.5 正式转体

1. 转体前的主要准备工作

（1）确定转体重心位置。用千斤顶对转体部分进行称重，测定其摩擦系数。

（2）将环形滑道清理干净，检查滑道与撑脚间间隙，撑脚走道板前端涂抹黄油四氟粉。

（3）标定平转千斤顶、辅助千斤顶和微调千斤顶。

（4）安装、调试相关设备及配套设备。

（5）再次检查各关键部位及准备的技术资料。

（6）作业天气要求风力小于 4 级，无雨。

以上准备工作完毕，经检查无误后，在铁路部门批准的时段内进行转体。

2. 启动

同步张拉牵引千斤顶(LSD200 型)，吨位达到计算动摩阻力；助推千斤顶分级加力，按 100kN 一级进行分级加力，直至撑脚走板水平位移观测确定启动，并记录静摩阻力。

3. 平转

（1）根据铁路部门确定的转体作业时间，两幅桥同步进行转体。平转过程中测量人员反复观测塔柱轴线偏位、梁端部位高程变化。

(2) 匀速转动，平转基本到位时(距设计位置约 1m 处)减速，降低平转速度，在距设计位置 0.5m 处，采取点动操作，并与测量人员配合确认点动后梁端弧长。在距设计位置 0.1m 处停转，测量轴线，根据差值精确点动控制定位，防止超转。

4. 定位

转体就位后，精确调整转体倾斜位置，并用型钢将上、下转盘固定。在下承台上设置千斤顶，精确地调整梁体端部标高，并采取措施抄垫。以最短的时间完成上、下承台固结。

转体结构精确就位后，对结构进行约束固定。

(1) 每座转体在上、下盘的环道之间共设置有 8 座助推墩，已经同盘下承台一次浇筑成整体，顶面距离上盘环道底面有 10 cm 的缝隙。转体结构精确就位后，采用型钢和钢抄手进行抄垫固定，并立即用电焊将钢抄手同以上支撑顶面钢板、连同上盘环道预埋钢板进行全面焊接连接。

(2) 在每座转体上盘环道内侧设计有 8 座转体平衡脚，平衡脚下面设有预埋钢板，钢板底面与承台顶面预埋钢板缝隙间除采用上述方法进行抄垫固定外，在平衡脚环道方向两侧采用型钢加固，保证精确就位的结构不发生轻微偏移。

5.5.6 同步转体控制措施

(1) 两桥同时启动，现场设同步启动指挥员，用对讲机通信指挥。

(2) 千斤顶公称油压相同，转体采用同种型号的两套液压设备，转体时控制好油压表压力。

(3) 在 T 构上安装速度传感器，转体过程中安排专人观测，随时反映双幅桥转体速度是否相同。

(4) 转体前在转盘上布置刻度并编号，转体过程中随时观测两个转盘的转过刻度是否一致。

(5) 在转盘钢绞线上做好标记，观察两个转体的钢绞线是否等速。

(6) 转体后球铰封盘。

梁体转体就位后，轴线与标高调整无误后，焊接边跨合拢锁定型钢支撑然后进行封盘施工。采用帮条焊焊接预埋基础和实体块中的钢筋，焊缝长度满足规范要求。然后进行封盘浇筑，保证墩身与上、下盘间混凝土的整体性。

5.5.7 转体精度的控制措施

1. 防倾保险体系

防倾保险体系是转体施工方法中的重要保证措施，根据设计构造的特点，转体过程中，转体的全部重量由球铰承担，但转体结构受外界条件或施工的影响容易出现倾斜。因此，须设置内环保险腿和调整倾斜的千斤顶。

利用上转盘上环形布置的撑脚作为内环保险腿，与下滑道间预留 3～6mm 间隙，在转体荷载作用下，沿滑道转动时留有间隙，便于确定荷载状态和转体姿态的调整。滑道上清理干净，涂抹黄油四氟粉，便于撑脚滑移。沿滑道外侧布置 4 台千斤顶，便于转体施工过程中，调整转体倾斜姿态。

根据设计要求及确保转体结构稳定，转体结构重心在顺桥轴线上要求偏向边跨侧。(使整个转体结构在转动过程中由球铰及其后两钢撑脚三点受力，形成三点支承)若转体重心位置有偏差，可以通过梁上堆载调整。(确认重心的方法，采用调整姿态的千斤顶施加顶力，确认边跨侧两后撑脚竖向位移脱空时对应的顶力，反算出转体结构重心位置。)

2. 限位控制体系

限位控制体系包括转体限位和微调装置，主要作用为转体结构转动到位出现偏差后需要对转体进行限位和调整使用。横桥向倾斜限位与微调：在上转盘上、下滑道外侧位置对称布设 4 台千斤顶，一侧起顶，另一侧预留限位，起顶限位值根据实测确定。调整完毕，用型钢将上、下转盘之间固定，撑脚与滑道间固定。

水平偏转限位和微调：利用下转盘上敷设的千斤顶反力座作为支点，顶推上转盘下撑脚，调整转体轴线偏位。调整到位后设置限位梁，将撑脚与千斤顶反力座之间顶紧。

3. 转体精确就位

(1) 转体就位后撑脚和滑道之间采用楔形铁块临时固定。

(2) 采用全站仪中线校正，中线允许偏差不大于 15mm。

(3) 转体动力系统具有自动控制和手动控制两种功能。转体时，当主梁端部即将到达设计位置前 50cm 时，采用点动操作，与测量人员密切配合，获取点动操作时最大弧长转体数据。点动操作、精确定位前，先对上部转体结构进行水平校正。用转体限位装置以防超转，在梁端设置水平微调装置，在上盘下设置千斤顶和配重来调整纵、横向标高。

(4) 精确就位后，立刻进行封盘混凝土浇筑施工，以最短的时间完成上、下承台固结。

(5) 进行边跨锁定临时固结，然后将中跨合拢模板滑移到位。

5.6 合拢段施工及梁体系转换

5.6.1 合拢段施工工艺

体系转换是施工中的一个重要环节，其施工质量对成桥的质量有较大影响。因此，合拢段的施工应周密组织，精心施工，控制合拢段的施工误差，使其满足设计的受力要求和保持梁体线形。

体系转换步骤为：形成两个单悬臂静定体系→边跨合拢段施工→中跨合拢→解除临时锁定和临时支座→完成连续梁体系转换。

边跨合拢段施工采用 8 根长 3.0m 的 I36b 工字钢作为刚性支撑，将其与梁端预埋板焊接后锁定，工字钢钢号为 16Mnq，以承受温度升高使悬臂纵向伸长产生的压应力，并穿以部分纵向预应力束，以预应力抵消两端因温度降低而缩短所产生的拉力。

边跨合拢段长 2m，合拢前调整中线和高程，使两悬臂端临时连接，保持相对固定，以防止合拢混凝土在早期由于梁体混凝土的热胀冷缩开裂。

同时，选择在一天中的低温、变化较小时进行混凝土施工，保证混凝土处于温升、在受压的情况下达到终凝，避免受拉开裂。

临时刚性连接采取既撑又拉的办法，将两端连成整体。先在合拢段两侧箱梁的顶、底板预埋钢板，通过设置承受压力及拉力的装置使合拢段混凝土得到保护。

锁定前，应先将刚性支撑的一端与梁端预埋钢板焊接，锁定时再对称迅速地将刚性支撑的另一端与梁端预埋钢板焊接。刚性支撑连结后将临时预应力筋按设计要求的张拉力值快速张拉，形成临时锁定。临时锁定设计如图 5.36 所示。

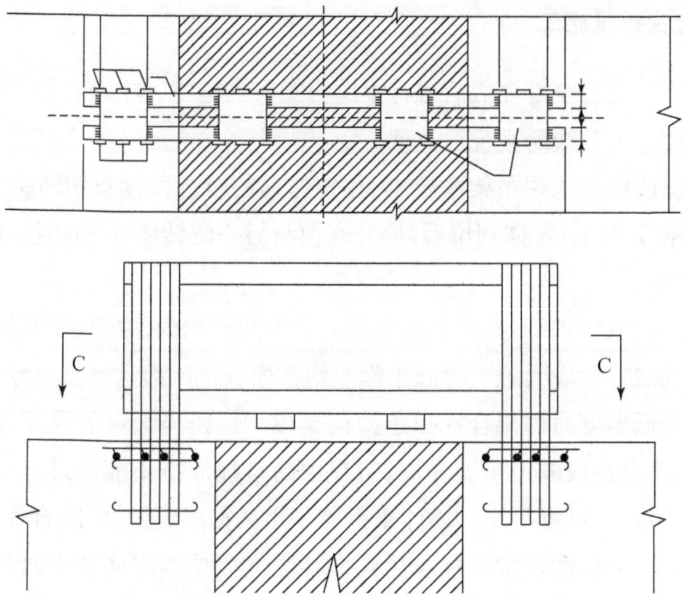

图 5.36　合拢段临时锁定设计立面

5.6.2　边跨合拢段施工

在完成支架现浇箱梁和边跨现浇段施工(指混凝土灌注、预应力束张拉)后,开始边跨合拢段施工。

施工现浇段时,在现浇段靠近合拢段端头预埋侧模和底模吊杆预留孔,待现浇段混凝土强度达到设计强度的100%时,将现浇段端头模板和支架部分拆除,露出预留孔,即边跨合拢段的底模和侧模直接采用吊杆固定,内模采用竹胶板。

边跨合拢段钢支撑应在一天中温度最低的时间段内安装,混凝土的浇筑也应在一天中温度最低时进行。为保证合拢段始终处于稳定状态,要在悬臂两端头对称设置配重水箱。边跨合拢段混凝土浇筑时等量撤除边跨一端悬臂段上的配重,中跨合拢段混凝土浇筑时等量撤除中跨一侧悬臂段上的配重,配重大小按照合拢段重量×合拢段距墩中心距离＝配重重量×配重中心距墩中心距离计算。灌注混凝土过程中,依据灌注混凝土的速度等量撤除水箱内的水。

合拢段施工完毕后,混凝土强度达到90%、弹性模量达到100%且龄期达到5天后即可张拉边跨剩余预应力束并补张拉临时束到设计吨位。边跨合拢完成后拆除主墩除水平约束的所有临时支座。

5.6.3 中跨合拢段施工

待两端边跨合拢全部完成后进行中跨合拢段的施工。中跨合拢段施工前需要拆除边跨合拢吊架及边跨现浇段支架。

中跨合拢段施工采用吊架法施工，在转体前将合拢段模板和防护平台全部置于一侧连续梁 T 构上，转体到位后，提升底模与另一侧转体 T 构相接，同时提升侧模至设计位置。

模板底部设置防护平台，避免杂物掉入既有线范围内。模板安装到位后，钢筋绑扎、混凝土浇筑、预应力施工等施工作业均在模板范围内进行。

在一天最低温度时焊接合拢锁定型钢支撑。选择当天最低温度，灌注合拢段混凝土，与边跨合拢段施工步骤相同，但在中跨合拢混凝土灌注过程中，同步排放配重水箱里的水，保证混凝土的灌注重量等于水的排放重量，中跨合拢段混凝土灌注结束时配重完全拆除。待合拢段达到设计强度后按顺序张拉中跨各预应力束，最后拆除临时锁定装置和吊架。

中跨合拢段脱模后，吊架和模板整体吊升至既有线范围以外，再进行拆除。

5.6.4 体系转换

1. 边跨体系转换

当边跨合拢段混凝土灌注完毕，强度达到设计要求时，对称张拉合拢钢束至设计张拉力，并复张拉临时束至设计吨位。根据浇注混凝土时气温与设计气温差异产生的错动量调整永久性活动支座顶板。边跨合拢完成后拆除主墩除水平约束的所有临时支座，落梁形成单跨悬臂结构。

2. 中跨体系转换

中跨合拢段施工前需要拆除 50＃、51＃墩除水平约束外的临时支座，保证连续梁在体系转换时不受约束。当中跨合拢段混凝土灌注完毕，强度达到 90％及弹性模量达到设计值的 100％，且龄期达到 5 天以后，对称张拉预应力钢束至设计吨位，并张拉临时束。根据浇注混凝土时气温与设计气温差异产生的错动量调整永久性活动支座顶板。最后拆除中墩水平临时约束和合拢吊架，结构体系由两个单跨静定悬臂转换为一个三跨超静定连续梁，完成结构体系转换。

5.7　转体施工关键控制技术

5.7.1　转体桥梁钢制球铰安装精度控制技术

1. 球铰安装技术存在的问题

随着转体施工技术的不断推进和创新，在跨越高铁既有线的桥梁建设中，为了能够最大程度降低施工对高铁既有线的影响，转体施工法的优势已使其成为最佳方案之一，但是由于该法在铁路桥梁的建设中实践较少，缺乏经验，经常因为钢制球铰的安装精度出现问题，导致转动体系中钢制撑脚和下滑道转盘异常顶紧，无法正常转动工作，从而使原先申报的铁路施工要点计划搁浅，不得已重新申报要点，严重耽误工期。

图5.37为某单位转体桥钢制撑脚与下滑道异常顶紧无法转动的现象(转体问题1)。图5.38为钢制球铰安装精度控制较差出现转动体系无法正常工作的场景(转体问题2)。

图5.37　转体问题1

图5.38　转体问题2

针对钢制球铰安装过程中可能出现的问题，为保证球铰安装精度，在撑脚施工过程中，确保钢制撑脚和下滑道转盘顶紧。经研究，拟在每对撑角下方安装 8 块特殊加工楔形铁，以保证落沙箱后撑角和滑道之间有 10mm 缝隙。采用该方法，通过 4 次转体试验能有效地控制钢制撑脚和下滑道转盘异常顶紧情况，为工期和梁体顺利转动提供很好的条件，如图 5.39 所示。

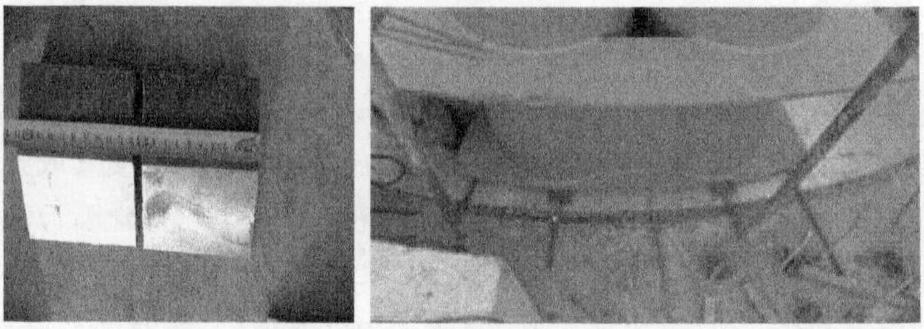

图 5.39　楔形铁块尺寸及安装

2. 影响钢制球铰安装精度的因素分析

桥梁转体施工中，如果钢制球铰安装精度不高，会造成钢制撑脚和下滑道异常顶紧，即便勉强能够转动，也可能会造成转体到位后，梁体水平向和竖向轴线对位无法准确调整到位，影响梁体最终成桥线形；另外，转动体系与施工各组件安装出现较大误差，实测每对撑脚与下滑道之间的距离不一，如果强行转体，可能带来因为滑道局部超高和撑脚局部偏低重叠出现的情况，导致摩阻力增大，带来超出预设值甚至中途停转的风险，影响现场施工生产。

1）钢制球铰结构组成及安装过程分析

为了保证转体功能，在转动体系的设计上，一般典型的钢球铰结构如图 5.40 所示主要由支撑砂筒、钢撑脚、支撑反力座、牵引反力座、上转盘、下滑道等几大部分构成。

(1) 支撑砂筒。

支撑砂筒的作用是为了支撑上转盘以上结构。一般为了使钢撑脚与下滑道之间有一定的间隙，保证将来转体时的自由转动，会在钢撑脚下方与下滑道之间搭设钢楔，这样钢制撑脚就无法承担后期上部结构较大的重量，于是增设了支撑砂筒用以辅助球铰本身来支撑转体前的上转盘以上混凝土的重量，特别是在上转盘及转体梁段混凝土浇筑完毕、所有其他类似碗扣式脚手架拆除之后，转体前，整个转体结构的重量将阶段性的由砂筒和球铰承担，维持整个待转体结构的稳定。

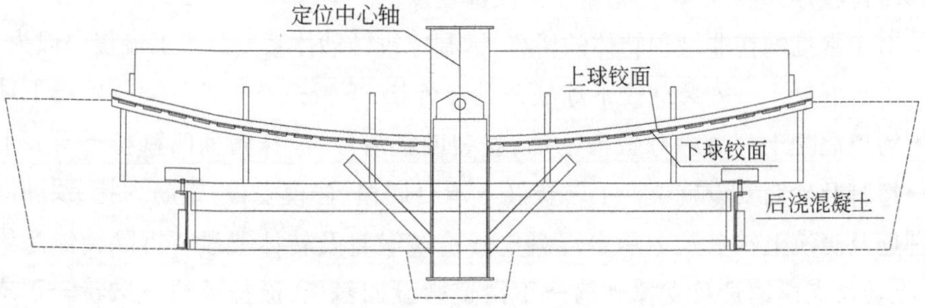

图 5.40　转体钢制球铰构造

(2) 钢撑脚。

钢撑脚是在拆除钢砂筒之后，在转体过程中维持梁段纵向及横向稳定性的重要支撑保障措施，如果没有钢撑脚，梁段将会倾覆，因为相对于平铰来讲，球铰自身没有抵抗转体梁段纵、横向倾覆的能力。

(3) 支撑反力座。

支撑反力座是为了防止在转体结构较重、因转动体系安装误差、球铰摩擦系数异常增大等因素导致的单纯靠牵引反力座上面的自动连续顶推千斤顶无法克服球铰球形摩擦面和撑脚与下滑道之间的滑动面的静摩擦力，体系无法转动的情况下而采取的一项辅助措施。通过在支撑反力座的合适位置安设扁担梁，增设水平顶推千斤顶，在转体开始时，施加一定量的助推力，助推转动体系启动，转体结构一旦启动转动后，需要及时将助推千斤顶和扁担梁拆除以便不妨碍转动体系正常转动，助推千斤顶同样需要对称布置，提供助推力矩。

(4) 牵引反力座。

牵引反力座采用型钢预埋在承台内，为保证转体稳定，反力座对称设置，使得在球铰中产生单纯力矩，不附加产生水平次内力。

(5) 上转盘。

上转盘连接墩身及转体梁段，在上转盘上安装牵引索，带动转体梁段转动，使转体梁段到达设计指定位置，上转盘同时也承担着纵横向称重的功能，称重千斤顶也需要安装在下转盘下方进行对顶，同时收集对顶参数，计算重心位置，进而确定配重位置和大小。

(6) 下滑道。

下滑道是为了给转动中的钢撑脚提供一个光滑的滑动面，降低摩擦阻力，同时保证在拆除砂筒、完成体系转换之后以及转体完成之前这段时间区间内，提供给钢撑脚维持转体梁段纵、横向稳定性的支撑基点。

对于常见的在非墩顶转体的桥梁，钢制球铰转动体系安装施工流程一般为：浇筑下承台混凝土→安装球铰下球缺及劲性骨架、下滑道及劲性骨架→后浇下球缺及下滑道混凝土→清理球铰滑动面、安装四氟滑片、涂抹黄油四氟粉→安装上球铰→撑脚及砂筒安设就位→上转盘及上承台底模、侧模安设、钢筋绑扎、预埋墩身预埋筋及浇筑上转盘及上承台混凝土→浇筑墩身及转体梁段→拆除转体梁段架体、上转盘支撑钢管及支撑砂筒→下滑道敷设四氟板、涂抹黄油→试转→正式转体→封铰。

2）钢制球铰的制造精度及运输保护

因为钢制球铰已经形成了一个定型产品，制作精度一般都较高，为便于运输、安装固定及微调，一般球铰均在背面设计了劲性骨架。在个别情况下，如果出现球铰变形，将会导致转体不能顺利进行，如果强行转动还可能大幅度影响转体过程中转体梁段的整体姿态，给施工带来更大的风险，所以保证球铰的制造、运输和加强球铰安装完成后的施工质量检查非常重要。

3）钢撑脚与下滑道之间预设间隙的大小和支垫方式

为了保证砂筒拆除，上转盘支撑体系转换后钢撑脚和下滑道之间有充分的间隙可以满足正常施工需要，一般在预设间隙时要预留充分的正公差，以备体系转换时转体球铰系统“侵吞”部分预设量。这里需要重点考虑两点：

(1) 上转盘安设底模和侧模时，需要在钢撑脚和下滑道之间支垫刚性支撑，为便于将来拆除重压下的刚性支垫，此刚性支垫推荐厚钢板支垫，保证支撑刚度，减小压缩量损耗。

(2) 充分考虑上转盘支撑体系从脚手架支撑至砂筒支撑、转换球铰和钢撑脚支撑状态下可能发生的各种预设量损耗，一般推荐至少采用 3cm 以上的厚钢板。

4）异物进入预设的钢撑脚与下滑道之间的间隙

部分桥梁在设计时，考虑到上转盘的受力复杂，专门配置了部分上转盘后张横向预应力钢束。某项目在对这样横向束张拉完毕压浆时，现场未注意成品保护，部分水泥浆随意流淌排放，洒落至下滑道附近流进钢撑脚与下滑道间隙，加之因为预设间隙富余量不足，砂筒拆除后间隙很小，导致这些水泥浆凝固后很难清理，给转动体系正常运转带来风险；也有可能因为部分球铰系统位于深基坑中，如果没有很好的处理防排水系统，在前期施工过程中如遇洪涝自然灾害，淤泥沉积至下滑道与钢撑脚之间，又因每对钢撑脚下表面较大，很难清理，给施工带来风险。

5）砂筒未预压或者预压不充分

如果在浇筑上转盘混凝土完成后，随着后续墩身及转体梁段施工过程中上部荷载的施加，部分荷载将主要由砂筒承担（从刚度分配来讲，砂筒与滑道接触面积较大），但是如果砂筒未经过预压，或者预压重量不足，导致砂筒内预装干砂密实度不足，就会出现较大的压缩弹性变形，导致砂筒高度减小，致使上转盘发生微量下沉，而刚性上转盘同步带动钢撑脚下沉，挤压事先预设的钢垫块，如果钢垫块层数偏多，钢撑脚也会强力挤压钢垫块下沉。另一方面，等到转体前支撑体系从砂筒向球铰和钢撑脚转换，钢撑脚下方垫块拆除时，发现钢垫块拆除困难，即便采用乙炔切割等破坏性手段，拆除后可能导致上转盘陡降，更进一步侵蚀预设间隙。

相反，如果根据计算荷载，对砂筒进行充分的预压，随着上转盘上部墩身及转体梁段的自重荷载增加，砂筒的压缩量非常有限，在一定程度上能够保证体系转换完成后钢撑脚与下滑道之间的间隙。

6）钢制球铰间隙的预设是否充分

浇筑上转盘之后，在砂筒拆除前，上转盘上部荷载由球铰、撑脚和砂筒共同承担；在砂筒拆除之后，由撑脚和球铰承担；在撑脚下面的钢垫块拆除之后、转体及封铰前由个别撑脚和球铰承担。这三个阶段的演变是这几种支撑负载根据自身刚度逐渐变化的过程，特别是对球铰，如果球铰的球形摩擦面之间的间隙事先未采取措施进行初步的挤压，或者说球铰安装完毕后，浇筑上转盘混凝土之前未进行试转，未能有效挤压出事先在球铰的球形滑动面之间的多余黄油四氟粉，加之球铰受力随着体系转换逐渐增大后四氟滑片出现变形，球铰摩擦面之间的间隙就会越来越小，如此就会带动上转盘发生微幅下降，更进一步侵蚀原来在撑脚和下滑道之间的预设间隙，导致撑脚和下滑道可能顶紧而无法自由转动。

3. 提高钢制球铰安装精度的措施

（1）加强钢制球铰的设计、制造、运输及现场安装的精度检验。

（2）必须在安装完球铰后对球铰进行试转，必要时配重进行转动，挤压球形摩擦面之间的间隙，尽可能在保证球铰正常转动功能的前提下，缩小其间隙，并预估此因素影响的钢撑脚与下滑道间隙损失，为钢撑脚与下滑道之间的间隙预设提供数据支撑。

（3）必须对砂筒进行预压，尽可能加大预压荷载，如果现场条件限制无法实现，要充分预估砂筒可能的压缩量，并预估因为砂筒后期压缩可能带来的钢撑脚与下滑道之间的间隙损失，为钢撑脚与下滑道之间的间隙预设提供数据支撑。

(4) 在安装钢撑脚时，必须尽可能采用较厚的钢垫板下垫在钢撑脚和下滑道之间，支撑钢撑脚，具体预设间隙要充分考虑砂筒压缩、球铰球形滑动面的间隙压缩、钢撑脚安装水平不平顺的误差、下滑道安装不平顺的误差等因素，保证充足的间隙预设值。

(5) 在现场文明施工方面，要做好基坑防护，防止雨水倒灌等情况发生，同时，严防各种水泥浆等建筑垃圾流进下滑道与钢撑脚之间，保证钢撑脚与下滑道间隙。

5.7.2　转体连续梁高程控制技术

利用有限元计算程序建立连续梁转体施工的仿真模型。本工程梁体截面与设计图纸一致，梁底线性为二次抛物线。为更接近实际，本模型建立了 15m 高的桥墩，墩身与支座处截面属于刚性连接，为近似模拟此支座状态，对 28、30 号节点选择相应的约束条件。模型中加载工况按照设计图纸的节段长度加载，将加载区段分为 11 段；有限元模型如图 5.41 所示。

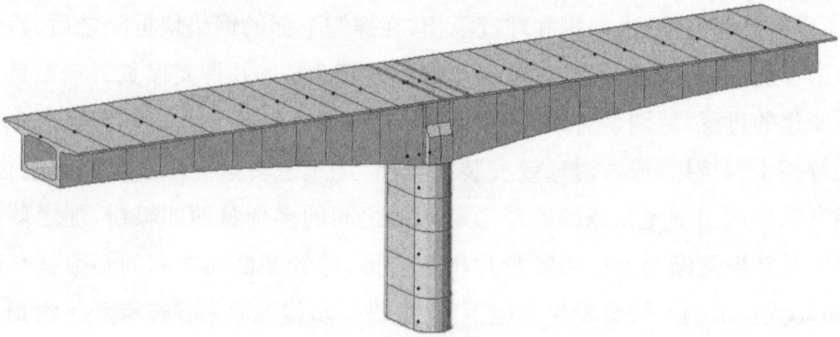

图 5.41　有限元仿真模型

根据施工阶段要求，计算模型中各施工阶段：预应力筋对梁体线形、应力的影响；遮板安装对梁体线形、应力的影响；温度对梁体线形、应力的影响；预应力对梁体线形、应力的影响等。数值模拟计算结果将为桥梁高程施工控制提供参考依据。

5.7.3　转体线性控制技术

1. 上承台观测

在上转盘上标注刻度，并在下转盘任意位置埋设刻度指针，用以监控上转盘转动的距离。其中，刻度值先密后疏，刻度盘如图 5.42～图 5.44 所示。

图 5.42　上转盘标记刻度

图 5.43　上承台刻度盘

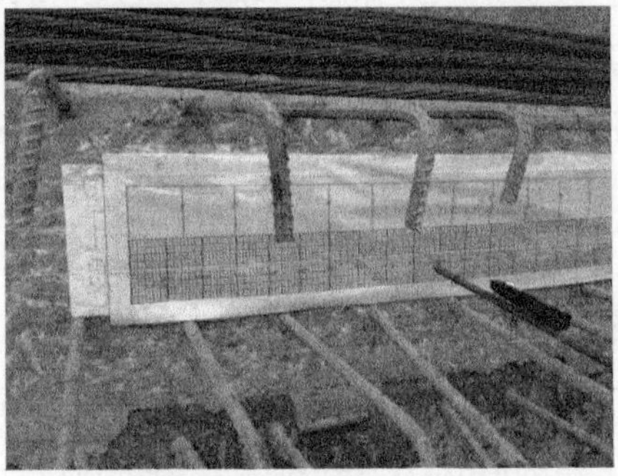

图 5.44　上承台读数

2. 梁截面观测

根据线形观测需要，在 50＃墩设置一个观测点(如图 5.45 所示的 *A* 点)，在 51＃梁段设置两个观测点(如图 5.45 所示的 *B*、*C* 点)，在 51＃梁段腹板顶部设置两观测点(如图 5.45 所示的 *D*、*E* 点)，其中 *C* 点的位置为距 *B* 点 3m 处。

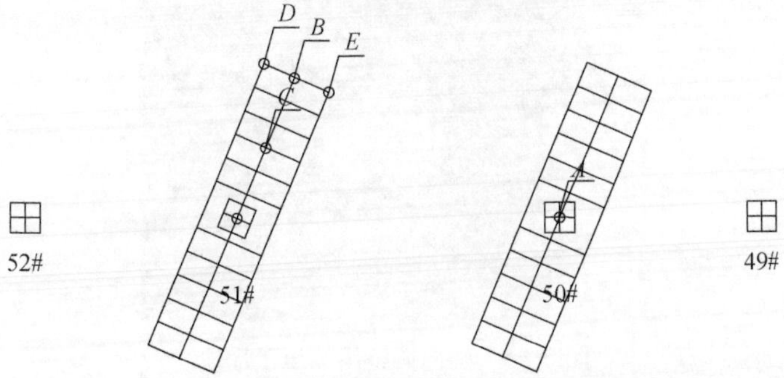

图 5.45　转体部分

3. 试转阶段观测

试转体时主要是观测上承台转动距离与牵引索拖拉距离之间可能由于牵引索弹性形变造成的误差 a,a 值的计算为用牵引索拖拉的距离减去上转盘转动的距离。通过试转得到上承台与牵引索之间的误差 a 后,在正式转体时,观测牵引索的观测员在读数时需减去 a 值,或者修改牵引索上已经标记号的刻度值。

4. 正式转体观测

1) 粗转阶段

观测人员全部就位,转动正式开始,最大悬臂端按照设计线速度匀速转动。此阶段主要观测上承台的读数和牵引索的读数,当上承台的读数到 L1 刻度值时,即需马上停止转动。粗转阶段,由于 51#梁段 B 截面的钢尺还不能被 50#桥面上全站仪观测到,因此梁截面不需要参与此阶段观测任务。

2) 精转阶段

上承台刻度盘到达 L1 刻度时,需要精确转动,用截面观测法观测转体是否到位。此时不能再以设计的速度转动,需要采用点动的方式转动。需要观测梁截面读数人员的参与,他们工作的好坏关系到桥体能否转到设计位置。精转过程中,上承台刻度值的读数由于精度不够,因此不做任何考虑。此时理论上梁截面观测人员观测到梁截面顶、底板钢尺中间位置已在全站仪竖丝,即立刻停止转动,此时 50#桥体上的全站仪还需观测在 51#桥体上的 B、C 两点,确定全站仪、点 B、点 C 是否在一条直线上。

3) 转体横桥向微调(图 5.46)

图 5.46 横向调整用油压千斤顶

在桥梁转体转到设计位置时，50#桥体的全站仪需分别观测在51#桥体上D、E位置塔尺的标高读数，将其与设计标高作对比。如果D点的标高高于设计标高值，此时，需在E点的滑道位置用千斤顶将其顶起，使其能够达到设计标高值。在桥体横桥向微调时候，在50#桥体A点全站仪应一直观察51#桥体塔尺读数与设计标高的差值，使其满足设计要求。

4）封铰

桥体横桥向调整到设计标高时，用楔形块将撑脚锁死，在D、E位置布置百分表，将千斤顶回油，观察百分表读数变化，如图5.47所示。若百分表变化值在设计允许误差内即可立即封铰；若百分表变化值超出设计允许误差，重复上述过程，直至桥体横桥向的标高值满足设计要求。

图5.47　横向标高调整读数

参考文献

[1] 中华人民共和国铁道行业标准. TB 10203—2002 铁路桥涵施工规范[S]. 北京：中国铁道出版社，2002.

[2] 中华人民共和国铁道行业标准. 铁建设[2010]241号 高速铁路桥涵工程施工技术指南[S]. 北京：中国铁道出版社，2010.

[3] 中华人民共和国铁道行业标准. TB 10303—2009 铁路桥涵工程施工安全技术规程[S]. 北京：中国铁道出版社，2009.

[4] 中华人民共和国铁道行业标准. TB 10451—2003 铁路桥涵工程施工质量验收标准[S]. 北京：中国铁道出版社，2003.

第6章 跨越既有铁路线桥梁转体施工过程监测及安全防护

6.1 转体施工过程中的监测

近几年来，随着桥梁跨度、结构形式的不断革新和突破，若采用常规的计算或测量手段，很难准确地得出桥梁在各种工况下的受力状况，必须引入监控作辅助控制手段，用以导和调整大型桥梁的施工顺序。监控主要有两个方面：施工监测和施工控制。施工监测可以保证桥梁施工过程中的安全，监测结果也为施工控制提供数据；施工控制就是对施工全过程进行有效地控制，保证成桥线形和内力满足设计要求。

施工监测是施工监控的重要组成部分。监测得到的各种数据在剔除测量误差后即真实反映了结构在各个施工阶段的变形和受力情况，这些数据是参数识别及施工控制的基础。为确保大桥结构的施工安全和施工质量，对桥梁施工全过程进行监测，及时为大桥施工各阶段的指挥决策提供必要的数据。同时为了保证转体的准确就位及安全性，必须进行转体相关参数的监测。转体施工是一个较为复杂的运动和动力过程，要实现梁体的正确、安全就位，对转体梁的受力、变形实施监控是必需的。

6.1.1 梁、塔监测

1. 主梁线形监测

线形要求包括顺桥向主梁的梁顶标高及平面曲线均符合设计要求。在施工过程中，通过设置合理的预拱度，使成桥后恒载下主梁的标高满足设计要求。线形测量包括主梁线形测量及主塔变位测量，为消除日照温差引起的不规则变化，线形测量应选择在温度变化小、气候稳定的时间段进行，测量工作持续的时间越短越好。

主梁挠度观测。挠度测量数据是控制成桥线形最主要的依据。在测量主梁线形时，要密切注意外界温度变化对测量结果的影响，同时测量结构的温度场，及时修正有关数据。

以第 4 章的跨既有铁路连续梁 48m＋80m＋48m 支架浇筑施工桥梁为例来说明观测方法，在预应力混凝土连续梁桥箱梁悬臂施工中，通过在每个支架浇筑梁段上布置 3 个对称的高程观测点(顶面 3 个)，可以同时观测箱梁的竖向挠度及扭转变形情况。观测点为预留露出混凝土(约 5cm)的钢筋头，顶板钢筋头布置在中心和翼缘边缘，钢筋头都用红漆作了标记，如图 6.1 所示。在 0＃块箱梁顶板处设置临时水准点。截面高程测点布置如图 6.2 所示。测量工况包括立模、浇筑混凝土后、张拉预应力筋前后、移支架后。对每一工况，用精密水准仪测定测点标高；通过这些挠度观测资料对施工进行有效控制。

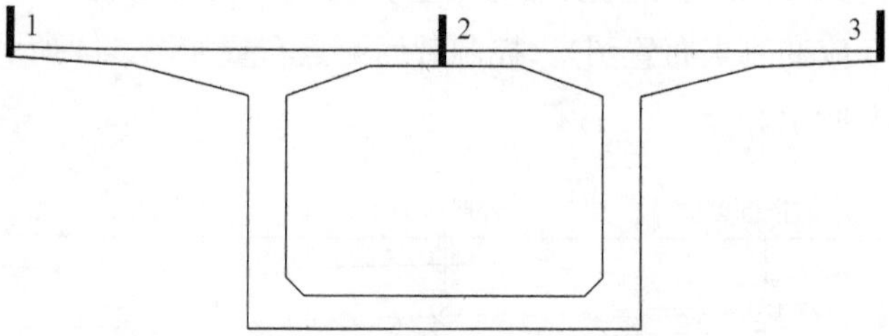

图 6.1　挠度测点布置示意图

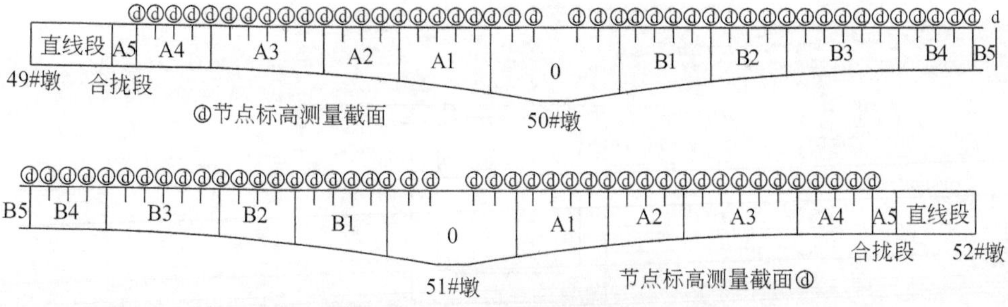

图 6.2　48m＋80m＋48m 连续梁高程测点纵向布置

转体前，转动体两个 T 构每侧均按 4 个块段施工，为保证施工时梁体的线形，除 0＃块段外，其余每个块段均设置 4 个标高控制点(控制点均匀布置)。

在观测主梁线型的同时，同步进行塔顶位移观测，利用全站仪直接观测固定于塔顶位移观测点。

2. 梁、塔应变监测

应力测量的主要目的是了解梁、塔控制截面的应力状况，并对梁体重量及其他荷载变化情况进行判断，确保结构施工安全。主梁及转盘混凝土应力测量采用埋入式应力计，实时了解施工时桥梁关键断面的应力状况，同时也为了与设计预测值相比较，验证各项设计的合理性及可靠性。

桥梁施工中的主梁应力观测是一项长期、繁琐的现场监测工作应选择适合应力场的长期观测的方法。在跨陇海铁路连续梁 48m＋80m＋48m 施工中，采用典型控制截面处埋设应变计的方法，对每一施工梁段的每一工况：移支架、浇注混凝土、预应力张拉，都进行了应变观测。比较观测值与有限元分析理论值，以掌握主梁的内部应力情况，确保施工期主梁的安全。测点布置在控制截面的上、下缘(具体位置如图 6.3 应变测点布置图)。控制截面测点布置如图 6.4 所示，其他截面测点布置如图 6.5 所示。

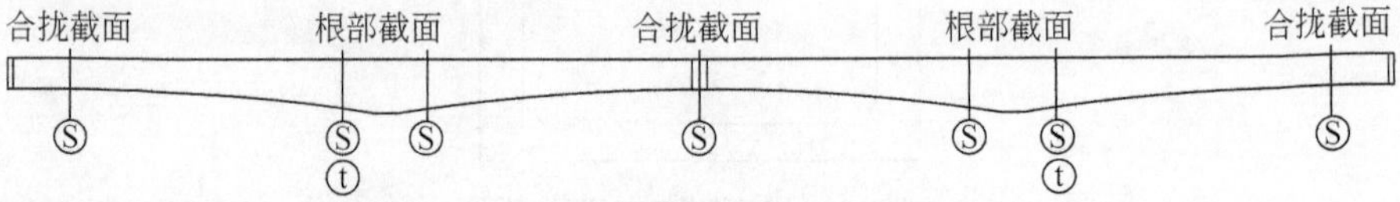

图 6.3　应变测点截面位置布置

Ⓢ应变测点布置截面；ⓣ温度测点布置截面

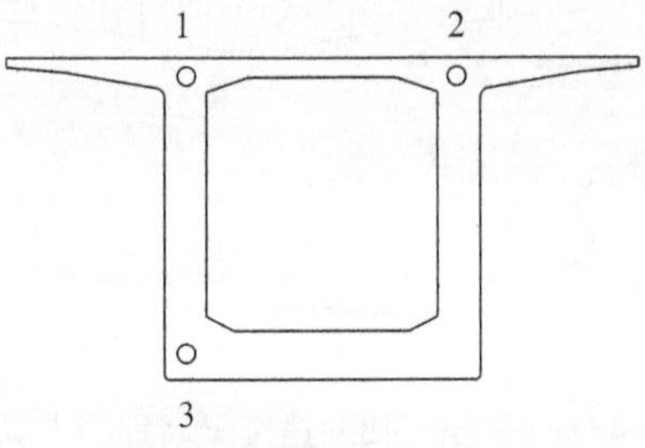

图 6.4　0＃块截面混凝土应变测点布置

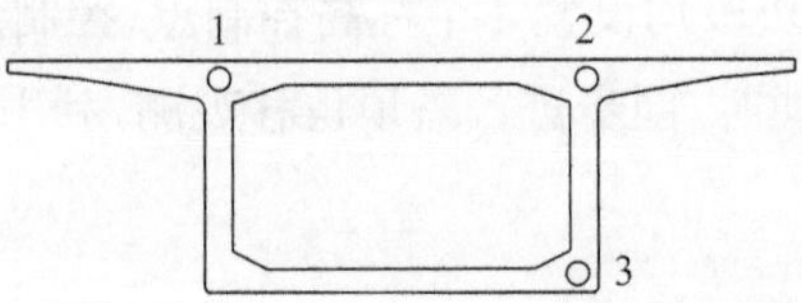

图 6.5　合拢截面混凝土应变测点布置

顶板应变计布置在顶板顶部主钢筋下方，底板应变计布置在底板顶层主钢筋的下方。张拉前测量初始值；张拉后 24h 内，每 6h 记录一次读数；张拉 24h 后，每天记录一次读数；以掌握梁体张拉时的弹性变形和徐变变形。

对于斜拉桥来说，还要进行索力监测。例如，第 4 章跨既有线的斜拉桥的索力监控在施工过程中对索力通过频率法进行复核，并以频率计算结果作为最终结果。同时在后续施工过程中，使用频率法对索力进行了测量。斜拉索的索力监测分为单组斜拉索张拉过程中的索力监测、斜拉索张拉过程中对已张拉完成斜拉索的索力监测、斜拉索全部张拉完成后的索力监测、支架拆除后的索力监测、主桥合拢施工完成后的索力监测、主桥二次调索后的索力监测、主桥桥面铺装施工后的索力监测等几个阶段进行。全桥进行二次调索后，实测索力与理论索力差别均在 3%以内，满足设计要求。

3. 温度监测

温度是连续梁桥施工监控中的重要参数之一，温度监控对施工放样、定位立模、梁体合拢等关键工序起着十分重要的作用，所以在连续梁桥施工过程中必须进行温度测量。温度的影响总体可分为两种，一是季节温差；二是昼夜温差。季节温差使塔、梁、索产生均匀的伸缩变化，对桥梁结构内力和变形的影响不大；昼夜温差的变化影响比较复杂，在施工阶段，日照温差对主梁挠度和塔柱水平位移的影响尤其显著。

在梁、索塔的关键截面内预埋温度元件（如 JMT－36B 型温度传感器），以测量混凝土内部的温度场，并在箱内、外设置温度计测试箱内、外环境温度。采用采集预埋在梁塔体内的温度传感器读数的方式测量混凝土内的温度。

桥梁主要构件的控制截面内布置若干个测点，具体布置如图 6.6 所示。

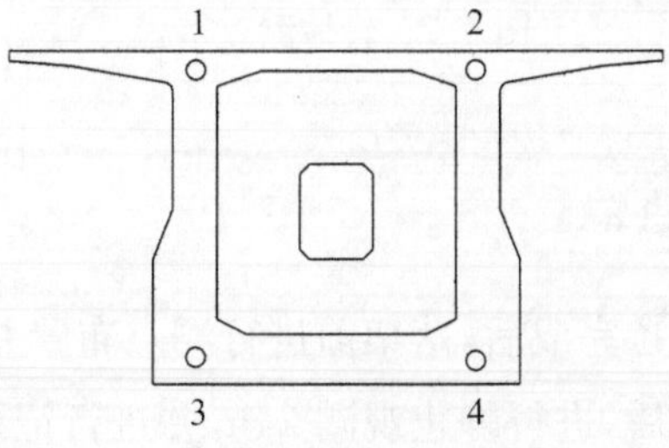

图 6.6　中支点横隔板处水化热测点布置

0#段浇筑完成后,继续专门的温度场测试,即在浇筑后第一天每1h测试一次,浇筑后第二天每2～3h测试一次,之后两天早、中、晚各测一次,直到芯表温度差以及表层与环境温差在10℃内后停止观测。

6.1.2 转体过程监测

以第4章跨陇海铁路既有线转体施工为例,分析平转体施工过程中的监测。

1. 转体测点和测站点布置(图6.7)

(1)梁部测点:在翼缘板边缘布置8个高程点,梁中心线布置4个坐标点。

(2)测站点:用控制网中的坐标点作为测站点,坐标点在使用前进行重新测量复核。

(3)垂直测点:在中墩上5m及10m处设置固定水平直尺(最小刻度为mm),四个角的上、下各固定一把,用于观测中墩的垂直度。

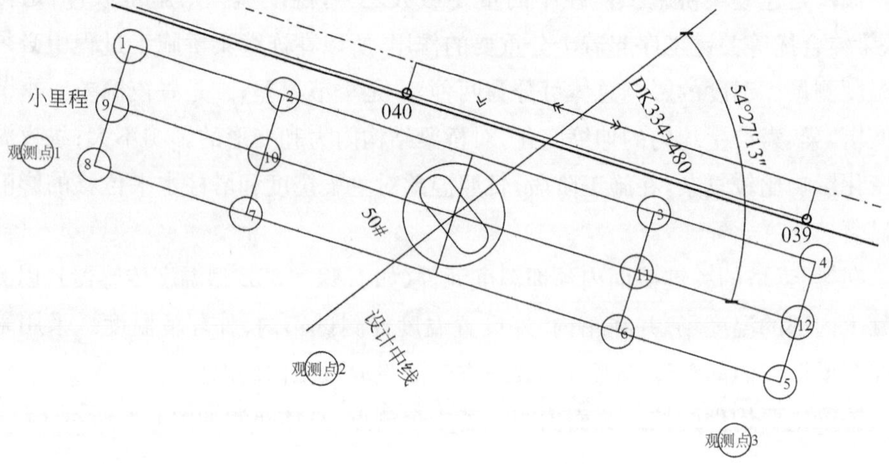

图6.7 转体测点布置

2. 监测阶段划分及内容

第一阶段:在箱梁张拉完成后,落架前进行测点布置并记录。

第二阶段:落架完成后,进行静止观测24h,并进行记录。

第三阶段:在试转前以静止观测数据为原始值。试转完成后静止2h进行观测,并记录变化值。

第四阶段：转体过程中监测内容及流程如下：

(1) 测量控制内容包括：①桥的整体平衡性；②中墩的垂直度；③桥的轴线正确性。

(2) 测量方法及过程。

分别测出试转完成后 1～8 八个高程点的高程和 9～12 四个点的坐标，并以试转完成后所测数据为原始数据，在主塔上固定直尺(最小刻度为 mm)，四个角的上、下各固定一把，用于观测主塔的垂直度变化。

(3) 桥体整体平衡测量。

分别在观测点 1 和观测点 3 架设全站仪。用观测点 1 站上的全站仪观测 1～4 四个高程点；用观测点 3 站上的全站仪观测 5～8 四个高程点。在旋转过程中进行不间断地观测，如果发现测出的高程和旋转前相差较大时(超出 3cm 误差)，及时通知指挥组，采取措施，使桥的整体平衡在旋转过程中得到有效控制。

(4) 垂直度控制。

观测点 1 和观测点 3 上的两台全站仪，在测高程的间隙时间观测中墩上的直尺，以便观测主塔垂直度在旋转过程中是否保持一致。如果倾斜超过 3‰时，及时通知指挥组，采取措施，使主塔在整个旋转过程中得到有效的控制。

(5) 桥轴线的定位。

当旋转接近设计轴线时，观测点 2 站上的全站仪测 11、12 坐标点，观测点 1 站上全站仪测 9、10 坐标点。通过坐标反算，得出桥的方位角及其与桥的设计方位角的差值。通知指挥组，还需旋转的角度。当方位角差值在规范允许的误差范围之内时，即轴线误差在 10mm 之内时，通知指挥组停止旋转。

第五阶段：转体完成后。

转体完成后静止 24h 观测并进行记录，此数值为转体后各项指标的终值。

3. 球铰的温度监测

合拢梁体主要依靠球铰受力，球铰为大体积混凝土，因此，需要长期监测关键位置的应力和温度情况。测点布置如图 6.8 所示，图中应变温度传感器每个球铰中心位置切向和竖向各 1 个，线长 11m；球铰外侧测点的为竖向布置，一个球铰布置 3 个。

在每次应变测量时均进行温度测试，以了解梁体的实际温度分布状况，及时修正温度引起的应变/应力误差。另外，在施工期间选择有代表性的天气进行全天连续观测，例如，每个季节选择一个晴天、多云天和阴雨天。

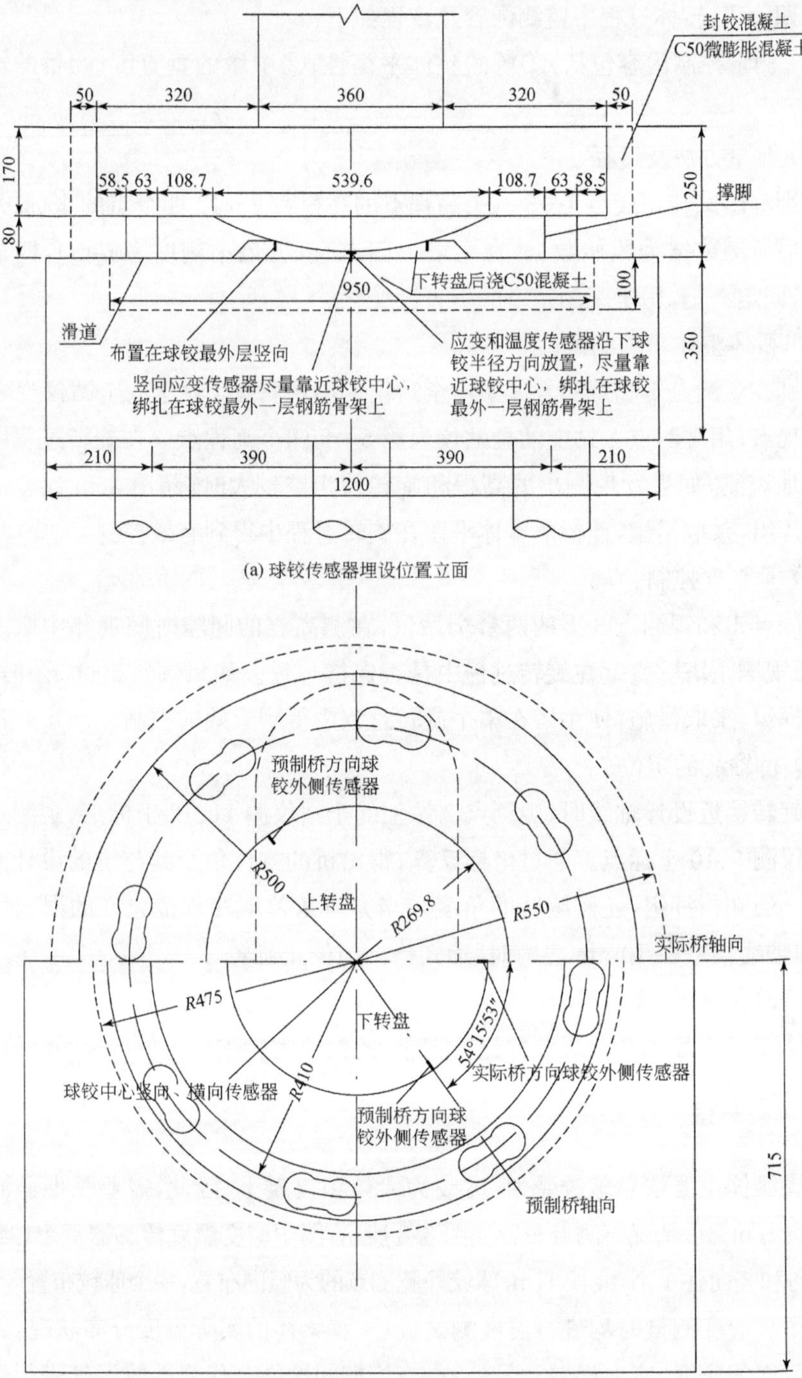

(a) 球铰传感器埋设位置立面

(b) 球铰传感器埋设位置平面

图 6.8　球铰传感器布置(单位：mm)

6.2　转体施工安全防护措施

6.2.1　转体施工中风险源

鉴于铁路营业线安全限界要求，为保证既有线行车安全和设备安全，势必会加大跨越桥梁的施工难度和风险安全，使工期延长。为此，施工方案优化确定后，仍需要再次对施工过程中的风险因素进行辨识，并采用相应的对策进行防范和化解施工风险。

桥梁转体施工作业过程中应考虑下列主要危险源和危害因素：施工结构在电气化铁路接触网上方，高压线多，距离极近，高压触电风险极大；转动体系、锚固体系和动力体系在施工期间未按规定进行检查维护；转体锚固体系锚固力不足；竖转场地、设施及设备未进行试运转；转体时转动速度不均衡，转动过程中监控不力；未按规定设置必要的安全防护设施；未对相关人员进行施工前培训；跨越公路、铁路施工时无防护措施；施工现场违章用电；转体施工前必须与当地气象部门进行联系，掌握施工期间的天气情况，天气恶劣影响正常施工时不得进行转体施工。做好危险源的分析后做好详细的预防及具体应对措施，对于结构受力方面的安全需要通过计算分析和施工监测等技术措施来加强，而其他方面需要组织措施和规范要求来保证。

6.2.2　转体施工安全防护

1. 建立安全保证体系及健全各项安全制度

为了保证施工安全，首先建立以项目部为首的安全保证体系，根据本工程特点，制定具有针对性的各项安全管理制度：各类机械的安全作业制度；用电安全制度；施工现场保安作业制度；防洪、防火、防风等措施；既有线路影响地段作业安全措施；跨线作业安全措施；起重作业安全制度；各种安全标志的设置及维护措施等。坚持“安全第一、预防为主”的方针，明确安全目标，做好安全检查。

2. 预应力施工安全措施

准备工作：

(1) 预应力钢绞线下料,在清理干净的硬化场地进行。场地内严禁动用电焊设备,防止电焊弧击伤钢绞线,造成钢绞线在张拉时断裂伤人。

(2) 夹片、锚具进场后仔细检查夹片、锚具的硬度和圆锥度以及夹片有无裂纹、有无锈蚀现象,以保证夹具具有足够的自锚能力,防止夹片、锚具弹出伤人。

(3) 采用油顶、油表相互匹配的预应力张拉施工设备,在使用一定时间或次数后及时校验,防止因油顶、油表不匹配造成张拉力控制不准确,产生安全事故。

施工作业安全:

(1) 锚垫板安装角度位置严格按设计要求,并采取锚筋与梁体钢筋焊接的方法确保锚垫板角度、位置准确。以防应力过大,锚垫板松动,造成预应力施工安全事故。

(2) 在张拉施工时,精确调整油顶位置确保油顶、工具锚、锚具、锚垫板位于同一条线上,确保预应力施工安全。

(3) 张拉油顶采用安全可靠的钢支架配合导链吊挂,以防油顶掉落,伤及张拉操作人员。

(4) 张拉作业区设立钢筋栅栏及安全防护网,并设立安全防护标志,严禁非作业人员进入。

(5) 张拉或退锚时,张拉油顶后面严禁站人,并在张拉作业区后方设置木防护板以防预应力筋拉断或锚具、夹片弹出伤人。

(6) 张拉作业时设置专人负责指挥,测量伸长量时,停止油顶张拉。

(7) 张拉液压系统的高压油管的接头应加防护套,以防漏油伤人。高压油管在正式使用前作油管承压检查,保证油管的正常使用。

3. 高空作业的安全措施

现浇梁支架施工属高空作业,施工时作业人员应按规程做到以下几点:

(1) 非施工作业人员,不得进入施工现场,禁止在施工场地打闹。施工时,戴好安全帽,工班长要及时检查,及时进行安全教育,预防安全事故。超过 2m 高度必须佩戴安全带,安全帽及安全带必须定期检查,符合要求后方可使用。

(2) 施工作业搭设的扶梯、工作台、脚手架、护身栏、安全网等,必须牢固可靠,并经验收合格后方可使用。上下楼梯、通道必须符合规范要求,不能太陡(坡度$<60°$),铺设木板时必须采取防滑措施,扶手高度不小于 1.2m,至少按 3 排布置,底排高度 0.2m。超过 2m 以上的脚手架上如有施工作业时,四周必须设 1.2m 高

的扶手栏杆和18cm高的挡脚板。

桥面临边防护措施：在既有线限界范围内、梁面两侧翼板边缘设置1.8m钢管防护栏杆，栏杆下部设置25cm高挡脚板，用于防止物体坠落，再挂设钢丝网及密目安全网。防护栏杆焊接必须牢固可靠保证下方既有线行车安全。临边防护示意图如图6.9所示。

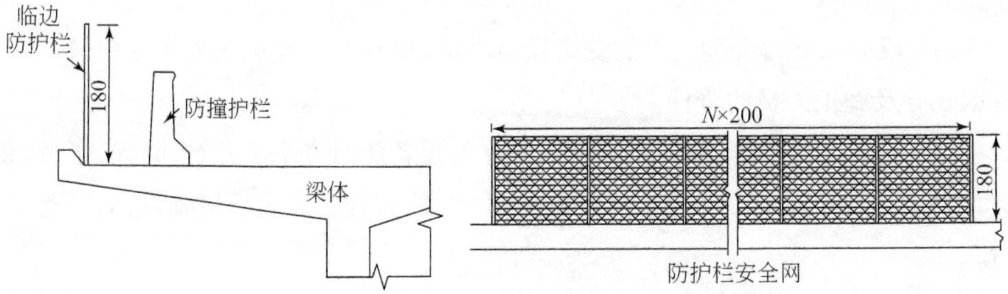

图6.9　临边防护示意图(单位:cm)

(3) 人员上下通行要通过斜道或扶梯，不准攀登模板、脚手架或绳索上下，作业时必须站在稳固的脚手板上，严禁站在钢管上，并作好“三宝”(安全网、安全带和安全帽)、“四口”(楼梯口、电梯井口、预留洞口和通道口)等防护措施的管理。冰冻季节，高空作业人员必须穿防滑鞋。

(4) 高空作业用的料具应放置稳妥、小型工具应随时放入工具袋，上下传递工具时，严禁抛掷。高处作业所用的物料，应堆放平稳，不得妨碍通道。高处拆下的物体、余料和废料，禁止向下抛掷。

(5) 高处作业必须系安全带，安全带应挂在牢固的物件上，严禁在一个物件上拴挂几根安全带或一根安全绳上拴几个人；临边作业应设置防护围栏和安全网；悬空作业应有可靠的安全防护设施。

(6) 高处作业不宜上下重叠，确实需在高处上下重叠作业时，应在上下两层中间用密铺棚板隔离或采用其他隔离设施。

4. 保证既有线行车安全措施

繁忙的既有铁路线通常行车密度大，间隔时间短，为了不影响既有铁路线行车安全和设备安全，转体施工全过程须进行安全防护，降低施工安全风险。施工方案优化确定后，针对施工过程中的风险因素进行再次辨识，分别采取相应的对策措施防范和化解施工风险。

如需要点施工或限期完成的工程，需向铁路有关部门提供具体的施工计划和方案，申请办理“要点施工”手续，在无列车运行的有限时间内完成转体。施工前对设备进行检修，施工组织及劳力安排进行必要的演练，确保施工按期完成。施工完成后，施工负责人会同管理单位人员对工程进行检查，合格后再消点，开通线路。为确保行车及人身安全，做到施工生产与运输两不误，特制定如下要点施工注意事项及安全措施：

(1) 成立以项目经理为首的安全领导小组，负责对要点施工方案的决策，明确各级领导及施工人员的责任。

(2) 充分详细了解既有线路情况和有关设备管理单位(工务、电务、车务、供电、水电等)签订安全协议，制定详明的施工方案、各种要点施工措施及保证安全的措施。

(3) 要点施工计划批准后，于施工前二日到车站登记项目施工事项(包括施工项目、批准文电号、施工地段、时间、速度限制及影响范围等)。

(4) 施工时严格按照调度命令给定时间进行，施工中各种工作人员必须经过安全培训教育，考试合格后才允许进行上岗，施工过程中严格服从命令，听从指挥，决不提前拆改设备。

(5) 指定专业人员负责组织监督、调查施工、要点施工，必须在车站有专职驻站联络员，在施工现场设防护员，用对讲机或车点电话保持联系。

(6) 防护员必须经过考试合格，并取得上岗证书后方可上岗。严禁无证上岗，防护员上岗必须穿防护服，防护工具齐备，现场防护员必须按照《铁路技术管理规程》规定设置施工安全防护牌，未设防护牌不得进行施工作业。

(7) 对于临近营业线的大型机械作业(主要是桥梁墩柱的施工)，侵入到铁路安全限界的施工作业，一律纳入要点作业；对于不侵限的大型机械作业，要设置安全距离，保证作业时在安全限界之外。

(8) 在转体施工前，全面检测转盘部分、平衡配重、千斤顶调试等各环节，确保无问题，并进行试转，以检验转体方案的可靠性及确定正式转体的相关技术参数等。

(9) 转体位置应准确，梁体支撑应稳固，梁体就位后，马上与相邻梁体连接，迅速进行联结固定，同时对施工范围内的线路和限界进行清理、检查，确认无误后，经安全领导小组组长同意后才能消点，开通线路。

跨越既有铁路施工需要做到“八不准、六到位”。“八不准”包括：施工计划未审批不准施工；未按规定签订施工安全协议书，不准施工；没有合格的施工负责人不准施工；没有经过培训合格的人员不准施工；没有召开施工协调会、没有准备好必需、充分的施工料具及其他准备工作不准施工；不登记要点不准施工；配合单位人员未到位不准施工；没有制订安全应急措施不准施工。"六到位"包括：人员到位；职务到位；责任到位；防护措施到位；应急措施到位；业务水平到位。

影响既有线行车安全或行车设备正常使用的工程，必须将施工计划报监理单位签认，建设单位审查同意、设备管理单位会签或设备管理部门审查同意后，再向行车组织部门申报施工计划。在既有线上施工设专职防护员及驻站联络员，在整个施工过程中全程紧盯防护地段。

所有可能影响到既有线行车的工程施工前，都必须先防护后开工。在栅栏侧采用彩钢瓦防护，张贴醒目的警示标语。夜间确保施工现场的照明充足、工人睡眠充足以及工人防护措施到位；在列车接近前停止一切施工，所有人员均撤到安全区域，等列车通过后再施工。

5. 防止接触网电击伤害事故的安全措施

(1) 在距离接触网带电部分2m以上的脚手架或其他作业时，接触网可不停电，但须有接触网工或经专门培训的职工在场监护。施工作业人员及机具不得侵入距接触网带电部分2m范围内。

(2) 距牵引供电设备支柱及牵引供电设备带电部分5m范围以内，具备接入综合接地条件的金属结构应纳入综合接地系统；不能接入综合接地系统的金属结构须装设接地装置，接地电阻一般不大于10Ω。木杆脚手架上绑扎的铁丝等金属物，应把余头去掉，以防止尖端放电。距带电部分不足5m的施工机具也应装设接地线。

(3) 搬运长大杆件时，应平放在车上或由两人抬运，严禁在搬运中竖立或高举，以防长大杆件触电，危及搬运人员的安全。测量用的塔尺应距带电体2m以上，塔尺第三节最好拆掉，以免使用时不慎碰触带电体。

坚决避免人体与接触网支柱及其附近的金属结构接触，防止这些设备的绝缘装置损坏时，可能出现的高压短路伤人。回流线与钢轨的连接点上也可能出现高压，当接地线损坏时，会出现很强的短路回流，所以禁止与之接触。

(4) 接触网断线接地瞬间，接地点周围(8～10m)出现跨步电压时应单足或并足跳出危险区，防止跨步电压伤人。禁止通过任何物体，如棒条、导线、水流等与接触网的各导线及相连部件接触。

6. 其他安全措施

除了以上跟生产有关的主要安全设施外，还应制定施工现场安全用电措施、施工机械安全保证措施、施工期间的防汛措施、保证人身安全措施、同时进行安全生产教育与培训、安全生产检查、安全事故报告制度、安全奖惩制度等。